PSYCHOLOGY
当众讲话心理学
of
PUBLIC SPEAKING

马飞鹏 编著

中国纺织出版社有限公司

内 容 提 要

口才是一种无形的资本，拥有当众讲话能力的人有瞬间赢得他人心的魔力，但当众讲话并不容易，难就难在把话说得打动人心。而懂点当众讲话心理学，能助你看穿听众的微妙心思，在三言两语之间就能把话真正说到听众心里，从而能带动讲话场合的氛围，助你成为受人瞩目的焦点。

本书从心理学的角度出发，结合丰富有趣的案例，对不同场合下当众讲话者的心理和说话方式进行剖析，为读者呈现出一本条理清晰、脉络分明、实用性强的心理口才技巧书，阅读本书，你会发现，只要懂得运用一些心理学知识，即使你不善言辞，你也能在众人面前侃侃而谈，成为生活中的口才大师。

图书在版编目（CIP）数据

当众讲话心理学 / 马飞鹏编著.--北京：中国纺织出版社有限公司，2023.10
ISBN 978-7-5229-0842-7

Ⅰ.①当… Ⅱ.①马… Ⅲ.①语言表达—通俗读物 Ⅳ.①H0-49

中国国家版本馆CIP数据核字（2023）第150124号

责任编辑：柳华君　责任校对：高　涵　责任印制：储志伟

中国纺织出版社有限公司出版发行
地址：北京市朝阳区百子湾东里A407号楼　邮政编码：100124
销售电话：010—67004422　传真：010—87155801
http://www.c-textilep.com
中国纺织出版社天猫旗舰店
官方微博 http://weibo.com/2119887771
天津千鹤文化传播有限公司印刷　各地新华书店经销
2023年10月第1版第1次印刷
开本：880×1230　1/32　印张：7
字数：120千字　定价：49.80元

凡购本书，如有缺页、倒页、脱页，由本社图书营销中心调换

前言

在我们的日常生活中，最多的行为活动大概就是说话了，而一个人的说话能力如何，直接关系到他的前途、人际关系，乃至一生幸福。中国有句俗语："一人之辩重于九鼎之宝，三寸之舌强于百万雄兵。"一个深谙说话艺术的人，必定在工作和生活中更加游刃有余，更容易拿到通向成功的通行证。

从某种程度上说，与日常的讲话相比，当众讲话更能体现我们的口才，也更有难度。因为当众讲话更考验你的心理素质、语言技巧以及对全场的掌控能力，缺乏其中任何一项，都无法达到较好的讲话效果。

而现实生活中，有一些人，在当众讲话时只会照本宣科念稿，不论大小会议，是面对媒体记者，还是酒会应酬，讲话均需秘书写讲稿，结果很多人话风趋同，毫无个性，让听众听得昏昏欲睡。而优秀的讲话者在发表讲话的时候，并不是只顾自己滔滔不绝地讲述观点，而是懂得口才不只是"口腔"的学问，更是心理的博弈、思维的艺术，他们不但是优秀的语言大师，还是优秀的心理大师，他们懂得根据听众的心理来确定自己的讲话风格。同时，他们更懂得如何根据听众的反应来调整自己的讲话风格，他们讲话时或慷慨激昂，或朴实无华，或幽默调侃，他们将需要传达的观点以自己独有的方式传达给听者，从而达到良好的表达效果。

可见，要想提升当众讲话的能力，还需要懂一点心理学，这就是我们编写本书的目的，本书就是一本为大众量身定制的当众讲话的心理学实用指导书。通过学习本书，你会发现，当众讲话并非演讲大师、主持人或者领导干部的专利，只要懂一点心理学并修炼自己的语言表达能力，你也一样可以做到。哪怕你不善言辞，你也可以从零学起，从入门到提升，真正掌握这门艺术。

本书从心理学的角度出发，内容实用丰富，配以恰当、有趣生动的案例，易学易用，助你掌握当众讲话的核心方法，当熟练掌握本书介绍的内容后，你也能在众人面前侃侃而谈，展现自己的风采，进而为你的事业加油，为你的人生增砖添瓦，让你获得越来越多的成功资源。

马飞鹏

2022年4月

目录 CONTENTS

上 篇
拥有过硬的心理素质，方能自信开口

第一章　美化你的声音，一开口就能抓住听众的心 / 003

第一节　说话底气十足才能引起他人关注 / 004

第二节　耳语练声法，让你有更准确的发音 / 007

第三节　腹式呼吸法，让你的声音掷地有声 / 009

第四节　抑扬顿挫的语调让你的言辞更有感染力 / 012

第五节　尖锐刺耳的声音，会产生负面的听觉效果 / 016

第六节　把握好语句的停顿转换，使其更顺畅自然 / 018

第七节　吐字清晰，字字珠玑 / 021

第二章　增强心理素质，当众讲话是追求事业成功的无价之宝 / 025

第一节　言语，是做事的重要辅助器 / 026

第二节　学会当众说话是通往成功的通行证 / 029

第三节　再出色的能力，也要用语言展示出来 / 031

第四节　敢当众说话，你才有良好的人际关系 / 034

第五节　领导者有出色的当众说话的能力，才能事业光明 / 037

第六节　学习当众说话，掌握获得幸福人生的密钥 / 039

第七节　自信开口，敢于当众说话 / 043

第八节　练习当众说话，展现领导魅力 / 046

第三章　把握神色姿态，落落大方，让听众心随你动 / 051

第一节　眼神交流：让你的语言充满情感 / 052

第二节　如何站立才能展现你的精气神 / 055

第三节　不要忽视当众说话时的每个小动作 / 058

第四节　眼神笃定，不要游移不定 / 061

第五节　神态自然，不可矫揉造作 / 063

第六节　当众说话时要学习的几类手势 / 066

第四章　灵活处理，及时应对当众说话时的窘境 / 071

第一节　话语失误，幽默化解 / 072

第二节　在日常生活中训练自己灵活的思维 / 075

第三节　当众说话时踩到雷区的脱困方法 / 078

第四节　把握重点，当众说话不可乱说一气 / 081

第五节　以当下热点或者眼前事引入当众说话的主题 / 083

第六节　思维清晰，说出的每句话都要符合逻辑 / 086

第七节　遭遇听者挑刺或挑衅，如何巧妙化解 / 088

第五章　练就过硬的心理素质，是当众讲话稳定发挥的前提 / 093

第一节　练习当众说话，第一步是克服内心的胆怯 / 094
第二节　开口前多练习，逐渐提高当众说话的能力 / 097
第三节　当众说话的胆量只有在实践中才能获得 / 100
第四节　对自己和他人微笑，能缓解当众说话的紧张感 / 103
第五节　掌握当众说话前放松心理和身体的小技巧 / 106

下篇
解析情景，不同场合下的讲话心理学

第六章　职场妙语，剖析人心再说话自有锦绣前程 / 113

第一节　与上司说话，如何深得其赏识 / 114
第二节　把握分寸，领导面前说话绝不可张扬 / 117
第三节　说话温和，建立和谐人际关系 / 119
第四节　面试时如何自我介绍才能打动考官 / 122
第五节　当众汇报工作有技巧，表露功绩有妙招 / 125
第六节　语言谦和，以谦逊的态度赢得他人赞许 / 128
第七节　当众说话，注意语气方式更得人心 / 130

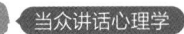

第七章　现场主持，抓准言语重点彰显个人魅力 / 135

第一节　承接性的语言，如何灵巧运用 / 136

第二节　妙语连珠，不断激发现场气氛 / 137

第三节　语言幽默，让听众沉浸在快乐的氛围中 / 140

第四节　根据现场内容，定好主持基调 / 143

第五节　评价总结性的语言要恰到好处 / 146

第六节　现场主持人讲话有哪些要求 / 149

第七节　开口就要有水平，主导现场气氛 / 152

第八章　应酬交际，当众说话迎合人心令气氛融洽 / 157

第一节　学会应酬场合当众说话，营建和谐人际关系 / 158

第二节　适度寒暄，炒热现场气氛 / 160

第三节　应酬场合，真诚说话才能走进他人心里 / 163

第四节　应酬场合说话，要小心谨慎 / 166

第五节　少恭维，要发自内心地赞美 / 169

第六节　人际矛盾与误解，可借助当众说话冰释前嫌 / 172

第九章　展现力度，有"领导范儿"才能在下属心中树立权威 / 177

第一节　适时说些感人的话，彻底打动下属 / 178

第二节　平易近人，领导当众说话不要"摆架子" / 181

第三节　指派任务，条理清晰让下属更易理解 / 184

第四节　说话不可"假大空"，有事实基础才有可信度 / 186

第五节　说话时气宇轩昂，展现领导风范 / 189

第十章　即兴讲话，临场发挥时如何引爆全场 / 193

第一节　即兴讲话的结尾要点睛，令听众回味无穷 / 194

第二节　即兴讲话时话题选择很重要 / 196

第三节　即兴讲话要主题明确，切莫长篇大论 / 199

第四节　别具一格的开场，能抓住听众的心 / 202

第五节　即兴讲话，需要有快速的语言组织能力 / 204

第六节　即兴讲话要保证中心观点明确 / 207

第七节　语言通俗易懂，将观点直接传达给听众 / 210

参考文献 / 213

上篇
拥有过硬的心理素质，方能自信开口

震天下者必震之于声，导人心者必导之于言。当众说话贯穿一个人的生活与事业的始终。当众说话水平的高低，将直接关系到一个人工作的成效以及形象。我们可以毫不夸张地说，谁掌握了当众说话的艺术，谁就拿到了走向成功的"护照"。为了达到以语言来掌控全场的目的，我们首先应该具备各方面的素质。

第一章
美化你的声音,一开口就能抓住听众的心

一个人声音的素质是有优劣之分的,素质好的声音悦耳动听,极容易打动听众。当然,优秀的声音素质并非是天生的,可以通过后天训练而获得。本章将详细地阐述一些培养优秀的声音素质的技巧。

第一节　说话底气十足才能引起他人关注

在生活中，我们经常说某人说话没有底气，那声音就好像来自一个大病初愈的人，声音很小，而且没有张力。偶尔，这里的底气可以理解为"信心"，也就是由于心理素质才导致声音出现这样的情况，但并不是所有的情况都是如此。也就是说，某些人说话底气不足的原因在于其本人的声音，或许更明确地说是缺乏科学的发声练习。在平时生活中，我们都喜欢听那些饱满圆润、婉转悠扬的声音，而那些干瘪沙哑的声音往往令人生厌。若是在当众说话的场合，你更需要锻炼出一副好嗓子，练就一腔悦耳动听的声音，这是你达到当众说话水平的必备条件。

健康咨询室里，收到了这样一封信：

医生，你好，我今年23岁了，是一位成年的男性。一直以来我都被一个问题困扰着，我身边的朋友及家人都说我说话有气无力，跟我的年龄很不符合。年轻人应该是朝气蓬勃、声音响亮的，但我的声音为什么会这样呢？就连我自己都觉得声音很难听，十分沉闷，嗓子里好像有一种东西隔离了我的声带。

我大学快毕业了，即将面临的就是找工作问题。而对于任何一家公司或企业来说，员工拥有好的精神面貌是很重要的。我本身性格外向，平时也很喜欢说话，但就是这声音让人听了恼火，很不舒服，我也知道这不是我刻意纠正就能改变的问题。因此，我想咨询，声音出现这样的问题到底是什么原因呢？是缺乏锻炼还是生理因素呢？我该如何努力才能纠正这样的声音状态呢？

其实，无论是求职面试的年轻人，还是需要进行当众说话的公司职员，他们都很关心自己的声音听起来是否底气十足。若是缺乏底气，自然不容易引起别人的关注，这样即便你说破了嘴也没人会听，更别说肯定你的说话水平。实际上案例中求助者的问题是能够解决的，只要进行一段时间的语音训练，就可以有效地改善声音底气不足的现象。

通常在发音的时候，气息是声音的动力来源。也就是说相当强的、稳定的气息是发音的基础，在现实生活中有的人说话声音洪亮、持久、有力，而这样的情况就是说话"底气十足"；相反，有的人说话声音比较小，有气无力，或是上气不接下气，好像蚊子嗡嗡叫，这样的人则显得底气不足。

在发音练习中，所谓的"底气"其实就是"中气"。之所以会出现这样的区别，除了身体素质的差别以外，还有就是气息技巧的问题，简而言之就是呼吸和说话的配合、协调是否恰当的问题。

通常情况下，说话是在呼气时而不是吸气时进行的，停顿才是在吸气时进行的。若是长时间的说话或演讲，那就需要比平时更强的呼吸循环。

在说话过程中，我们需要处理好说话和呼吸的关系，必须注意以下三点。

1. 呼吸要尽量放松

在呼吸之间，尽量放轻松，吸气要快速，呼气要缓慢、均匀，而且吸入的气量要适中，太多会让你喘不过气来，太少了又不够用。

2. 说话的姿势要有利于呼吸

不管是站着还是坐着，都需要抬头舒肩展背，胸部稍微向前倾，小腹内收，双脚并立平放。这样的姿势利于呼吸，你的发音部位，比如胸、腹、舌都处于一个良好的准备状态。只有呼吸通畅了，你的发言才会更顺畅。

3. 尽量自然地停顿换气

说话过程中要有自然的停顿，就应该自然地换气，不要说完了一长句话才大口吸气或呼气，这样说话很费劲儿。而且还要按照自己的气量来决定是否在那些较长句子的中间停顿，千万不要为了达到表达效果而勉强去做，这样只会适得其反。

第二节 耳语练声法，让你有更准确的发音

人类语言的声源是在声带上，也就是我们的声音是通过气流振动声带而发出的。通常我们所说的"练声"是切实地发出声音：需要先放松声带，用一些轻缓的气流振动它，让声带有点儿准备，发一些轻而慢的声音，而且不能张口就大喊大叫，这样会损害声带。即便是声带活动开了，还需要做一些口腔准备工作。诸如这样的"练声方式"虽然可以帮助我们改善自己的声音状态，却容易吵到别人，或者练习时间太长，声带会很累。于是，人们致力于发现一种更有效的练声方法。

小琪是大三的学生，马上就要进行普通话测试了，但他一点儿准备也没有。之前在课堂上，老师就建议小琪多练声，努力让自己的发音更准确一些。小琪当时根本不知道"练声"这个专业词汇，他花了一个晚上去网上搜索，才发现是怎么一回事。

之后，小琪天天晚上抱着一本书在宿舍里练习，同时还拿着一面镜子，但不见动嘴，也没有声音。同寝室的同学觉得很奇怪，好奇地问道："小琪，你这是在练声吗？咋听不到你朗诵或读书的声音呢？"小琪笑着回答说："我就是在练声。"同学看见他微微振动的喉结，笑了："你这不是普通的默读嘛，搞得这样神秘。"小琪着急了："我这还真是练声呢，不信你可以问问老师，这是耳语练声法。"

案例中小琪所说的"耳语练声法"确实存在，这是一种全

新的练声方法，而且所产生的效果很不错。相较于传统的练声法，耳语练声法有两个好处：不哑、不吵。不哑也就是即使你每天不停地练习气息和吐字，你的声音也不会沙哑，因为你只是用了气而没用声带，声带不累，声音自然不会沙哑，这就相当于用咽喉发出最准确的声音。而在使用传统的练声方法时，若方法不当则很容易造成嗓音沙哑。不吵，耳语就相当于说悄悄话，你根本不用发出声音就练习了吐字，你可以随时随地练习，而不用担心会吵到别人。若是传统的练声方法，你需要寻找一个没有人的地方，练习的时间、地点都受到了限制。

耳语练声方法打破了传统练声的原则，在耳语练习中，你可以将练气、练声、练眼神、练吐字密切结合起来，可以同时实现多个目的。耳语练声法需要的条件是：面带微笑、手部动作、对着镜子练习。你可以先试着用耳语练习，体会与传统练声法的不同之处，比如练习绕口令"天上七颗星，地上七块冰，台上七盏灯，树上七只莺，墙上七枚钉；吭唷吭唷拔脱七枚钉；喔嘘喔嘘赶走七只莺；乓乓乓乓踏坏七块冰；一阵风来吹灭七盏灯，一片乌云遮掉七颗星"。假如是传统的练声法，你可能会紧皱眉头，咬紧牙关练习，如此的结果是声音很嘶哑，而且咬字不清楚。如果试着用耳语练声法，则会面带微笑，如此的效果是气息通畅，吐字轻巧。

或许，许多人对面带微笑进行耳语练声很疑惑，为什么一定要面带微笑呢？

1.吐字更轻松

俗话说:"笨嘴拙舌。"意思就是舌根太紧,太僵硬,转不过弯来,才说不好话。而当你微笑的时候,你的舌根自然就放松了。比如你在说"早上好"时,面带微笑,舌头自然放松,舌根往后缩,就能用舌头灵巧地说话,如此吐字更轻松、更清晰。

2.气息更容易汇聚丹田

比如你说"早上好",若是面带微笑,嘴角上扬,肌肉放松,整个气息就沉下去了。这时你的肌肉放松了,肩也放松了,胸也放松了。如果你面无表情地说,那你的气息是很浅的,因为你紧张时气息被锁住了,不容易沉下去。

3.声音更动听

一个人要想声音动听,就应该学会共鸣。而只有口腔扩大,才会有共鸣的效果。当你微笑的时候,你的口腔就打开了,声音有了共鸣,圆润了,自然就动听了。但当你面无表情或者愁眉苦脸的时候,你的口腔不能打开,声音自然没有共鸣,也不悦耳。

第三节 腹式呼吸法,让你的声音掷地有声

在生活中,许多人抱怨自己声音很小,而且极不稳定,尽

管自己觉得已经很大声说话了，但就是发不出声音，而且感觉自己的喉咙好像有什么东西堵着似的。总结这些现象的特征，就是感觉说话很费力，声音又传不远，而造成这种现象的原因有两个：一是没有充分利用共鸣腔器官；二是气息不稳。通常我们发出的声音都是依靠两片声带振动而形成的，这是很容易理解的，但是振动经过了咽、喉、口腔、鼻腔、胸腔等人体器官后被逐渐修饰、放大，形成了自己的声音，最终传到了别人的耳朵。当我们对着身边的人耳语时，声带没有振动，仅仅是气息的摩擦，也就发不出任何声音。如果你想让声音变得洪亮而平稳，仅仅凭借声带的强烈振动，只会损伤声带而无法使音质悦耳。

小王的声音一直很小，而且含糊不清，身边的人总是抱怨："小王，你就不能大声一点儿，说清楚点儿吗？"小王对此很无奈，声音本来就是这样，即便是自己用尽了全身的力气，声音还是大不起来。而且，稍微一用力便觉得声带发紧，嗓音变得更小，嗓子也有些疼痛。到了医院一检查，才发现声带充血了。

医生建议说："不要用力发声，否则会损伤你的声带。"小王无奈地摇摇头，自己是一个普通的推销员，每天必须当众说话，如果自己声音不够洪亮或者忽高忽低，会影响到自己的业绩，这可如何是好呢？

难道就没有其他方法了吗？现在流行一种腹式呼吸的发音

方法，也就是让横膈膜上下移动。这是因为吸气时横膈膜会下降，并将脏器挤压到下面，因此肚子会膨胀，但胸腔没有膨胀。而在呼气时横膈膜会上升，这时就可以进行深度呼吸，吐出更多积存在肺里的二氧化碳。呼吸本来是一种正常的生理现象，一呼一吸承载着生命的重量。对此科学家经过研究发现：人的肺平均有两个足球那么大，但大多数人在一生中却只使用了其功能的三分之一。而腹式呼吸能够充分发挥肺部功能，从而改善我们的声音状况。

腹式呼吸又分为顺呼吸和逆呼吸。顺呼吸就是指吸气时轻轻扩张腹肌，在感觉舒服的前提下，尽量地吸气，越深越好，等到呼气时再收缩腹肌。逆呼吸则是吸气时轻轻地收缩腹肌，呼气时再慢慢地放松。两者的区别在于：逆呼吸只涉及下腹部肌肉，吸气时收缩，呼气时慢慢放松，呼吸在这样的方式下变得很轻缓，差不多只占据了一半肺容量。

腹式呼吸的具体方法是：让自己仰卧或调整为舒适的冥想坐姿，全身放松。先用一段时间来观察自己的自然呼吸，然后右手放在腹部肚脐，左手放在胸部。吸气时，尽力地向外扩张腹部，胸部保持不动；呼气时，尽量收缩腹部，胸部依然保持不动。如此循环，保持每一次呼吸的节奏一致，你可以体会到腹部的一起一落。这个方法重点在于：每次呼气吸气都需要达到最大限度的量，吸到不能再吸，呼到不能再呼，若是每口气都能直达丹田那再好不过了，这样你就能保持沉稳而洪亮的声

音了。

其实,腹式呼吸的方法不仅能让我们的声音变得洪亮而平稳,而且给我们的身体带来很多益处,比如扩大肺活量,减少肺部感染,以及改善腹部脏器的功能,等等。但在使用这种方法的时候,我们还需要注意以下两个小问题。

1. 呼吸的技巧

呼吸要尽量深长而缓慢,用鼻子吸气,用嘴巴呼气。做完一个呼吸的动作大概15秒,也就是深吸气差不多3~5秒,屏息1秒,然后慢慢呼气,时间也是3~5秒,屏息1秒。而每次的练习需要坚持5~15分钟,当然,如果你能够坚持做到半个小时,那是最好不过了。

2. 量力而行

对于身体好的人来说,屏息的时间可以延长一些,呼吸节奏尽可能地缓慢;而对于身体差的人来说,就不必屏息了,但一定要尽力吸气。每天这样练习一两次,坐着、躺着、走着,甚至跑着也可以练习,直到身体出汗为止。

第四节 抑扬顿挫的语调让你的言辞更有感染力

在生活中,当众说话大多都是凭借有声语言来达到交流的目的。有声语言借助语音、语调、语气以及停顿等一系列表

第一章 美化你的声音,一开口就能抓住听众的心

达形式,使言语表达更加准确、清晰自然,同时还具备抑扬顿挫的音乐感,就像一个技艺高超的琴师,弹奏出悦耳动听的音乐,体现出语言的音律美与和谐美。

有人说话比较注重声音的高低起伏、停顿转折,并且节奏分明,自己说起来朗朗上口,听众听起来也觉得悦耳动听。在当众说话的时候,讲话抑扬顿挫可以增强口语表达的感染力,从而达到吸引听众的目的,如果说话者总是用一成不变的语调很容易让听众觉得乏味。要想使说话变得抑扬顿挫,极富音乐美感,其中的秘诀是有章可循的。我们在说话时要善于抓住句子的重点来强调自己所要表达的思想感情,适当的时候运用重音,可以增强个人语言表达的感染力,形成话语中的轻重之分,从而达到抑扬顿挫的语言效果。

某领导在开幕式上讲了这样一段话,可以看看其语调的变化。

女士们、先生们:(声音洪亮、饱满)

早上好!由马来西亚××有限公司主办、中国××协会与我分会所属的××××公司承办的"中国国际××展销会"今天在这里正式开幕了!(中气十足,声音较高,着重强调此次活动的重要性,稍作停顿)我谨代表中国国际贸易促进委员会××市分会、中国国际商会××分会表示热烈祝贺!向前来展销的中外厂商表示热烈的欢迎!(声音洪亮,稍作停顿)

本届展览会将集中展示具有国际水准的各类××产品及生

产设备,为来自全国各地的科技人员提供一次不出国的学习机会;同时,也为海内外同行共同切磋技艺创造了条件。(声音逐渐变得平稳下来,有条不紊,稍作停顿)

朋友们,××市是中国最重要的工业基地之一,作为长江流域乃至全国对外开放的重要窗口,将实行全方位的开放。(停顿)我国政府已将××的开发、开放列为中国今后10年发展的重点,××大桥的正式通车,将标志着××新区的开发已经进入实质性的启动阶段。××市将进一步改善投资环境,扩大与各国各地区的合作领域。(停顿)我真诚地欢迎各位展商到××的开发区和××新区参观,寻求贸易和投资机会,寻找合作伙伴。作为××市的对外商会——中国国际贸易促进委员会××市分会将为各位朋友提供卓有成效的服务。(稍作停顿,语调平稳)

最后,预祝"中国国际××展销会"圆满成功!感谢大家!(声音洪亮、饱满,对此次开幕活动提出良好的展望)

这篇讲话稿虽然水平一般,但经过领导那抑扬顿挫的强调,使得整个会场爆发出了雷鸣般的掌声。领导的整个讲话过程,层次分明,结构严谨,思路清晰,语言简洁而充实,语调可谓是"抑扬顿挫",既体现了观点,又表达了要求,态度明确,观点鲜明,对展销会的举办有明显的导向作用。

那如何才能使自己的语调变得抑扬顿挫呢?

1.注意"重音"

在当众说话时,我们经常会运用到重音,重音在生活中也必不可少。例如，"这篇文章的大意是什么"，这里的"大意"指的是"主要的意思"，如果我们在朗读的时候，把"意"轻念，那就会让听众认为是"粗心"的意思。

所以，重音不但能使声音高低起伏不断，还具有区别词意的作用，读重读轻表达的意思不一样。重音可分为三种：语法重音，由语法结构的特点决定的重音，语法重音不表达特殊的思想感情，只是根据语法结构的要求自然重读；逻辑重音，在公开说话时，话语里有一部分的内容是比较重要的，这时候就需要根据说话的重点确定重音的读法；感情重音，感情重音是根据要表达的强烈感情或细微的心理来安排的。

2.适当停顿

在进行当众说话时，不仅要让你的声音有高低起伏的节奏感变化，还需要有停顿转折的变化，这样才能使你的讲话听起来抑扬顿挫、悦耳动听。总体来说，停顿主要分四种，即语法停顿、逻辑停顿、感情停顿、特殊停顿。

除此之外，我们在当众说话的时候还需要把一些书面上的停顿快速连接起来说，那就需要一定的连接能力了。也就是说，把书面上标有停顿的地方快速连起来读，不换气、不偷气，一气呵成，如此说话可以渲染现场气氛，增强语言的气势。

第五节 尖锐刺耳的声音，会产生负面的听觉效果

在生活中，我们经常觉得某些人的声音太尖锐，甚至刺耳，尤其是当他们提高嗓音的时候。如果是在公开场合说话出现这样的声音，虽然不能直接导致表达失败，但或多或少会影响到说话水平的发挥。就好像我们在调整话筒时发出的"吱—"这样的尖锐声音，这时所有在场的人会自然地捂住耳朵，而如果我们在说话中出现这样的声音也会产生同样的效果。当然，我们不可否认音色是天生的，我们不能完全改变这种状况，但可以通过一些方法来矫正这样的音色，让声音中尖锐刺耳的部分降到最低。

小美从小声音就不好听，远不如同龄小女孩那般清脆，而是有点儿尖尖的，若是突然提高嗓音，听起来会有点儿刺耳。因此，只要小美开始唱歌，妈妈就嗔怪："就你那破嗓子，还唱歌呢，别唱了，我耳朵快坏了。"

小美长大后，声音还是那样尖锐刺耳，与朋友或同事聊天的时候，一旦提高了声调，就会被责怪一句："小美，你的声音太尖了，我的耳朵受不了。"这时，小美就会沉默下来，当她一个人的时候，总是会为自己的声音而难过。因为音色不太好，小美很少去唱歌，也很少在公众场合说话。

她自己也不知道该如何来改变这样的情况。

如果说话音尖，你的血管和肌腱会像绳索一样凸起，下颚

附近的肌肉也会紧张，这样的声音听起来就像是海鸥叫声一样尖锐，非常刺耳，若在说话过程中发出这样的声音，是极为不雅的。

尖音其实就是语音纯正的对立面，对于一些人来说，尖音程度有深浅，不过都应该努力克服、矫正音色中尖锐刺耳的部分。对于克服尖音，具体有以下三种方法。

1. 放松身心

尖音比鼻音还要难听，而克服尖音，首先就要努力减轻我们的生理紧张，保持情绪平静坦然，并放松我们的下颚、舌头、嘴巴、声带。有时我们说话中突然冒出尖音，是因为太过紧张，因此放松全身，让自己的声音自然地发出来。

2. 保持平稳的语调

大多数尖音的出现都是由于突然提高嗓音的关系，因此，在说话时需要保持较为平稳的语调，不要突然提高嗓音，这样就会不容易出现尖音。

3. 正确地发舌面音

纠正尖音，需要从根本着手，即让自己正确地掌握舌面音的发音部位以及发音方法。舌面音是指舌面前部抵住或接近硬腭前部，气流在这一部位受到阻碍后形成的音。比如发"j"时，舌面向前向上，向硬腭前部贴紧，舌尖下垂，然后突然将舌面放松，让气流很微弱地由窄缝中透出。

第六节　把握好语句的停顿转换，使其更顺畅自然

通常在说话过程中，考虑到听众的接受度，我们需要偶尔停顿，以便让听众有足够多的时间消化接收到的信息，同时也需要给自己时间来控制节奏、厘清思路、观察反馈。当然，这样的停顿时间是较短的，否则就会造成说话啰唆的现象，并且在停顿时需要保持一定的连贯性。话语的停顿主要基于两方面的需求，一方面是没有任何一个人能憋足一口气将所有的内容说完，我们需要喘息的时间，或者说喝水的时间，如果使用声带的时间过长，会造成声音沙哑，甚至上气不接下气，声音也会变得越来越弱；另一方面是因为语言本身需要停顿，诸如语法、逻辑、感情，还有一些特殊停顿等，否则将不会成为完整的句子，说话者既没有能力说下去，而下面的听众也无法听明白。

美国前总统林肯在说话时有个习惯就是适当停顿，当他说到某个重要的问题，而且希望这些内容能在听众的脑海中留下非常深刻的印象时，他的身子会向前倾，注视着听众的眼睛，停顿大概一分钟的时间。这种突然出现的沉默，往往可以吸引人们的注意力。这样的停顿会让每一个坐在台下的听众竖起耳朵，十分专注地听对方接下来会说些什么内容。恰到好处的停顿会让你发挥出较好的讲话水平，如果是牵强的停顿，则会对你的讲话产生不利的影响。

第一章 美化你的声音，一开口就能抓住听众的心

众所周知，林肯与法官道格拉斯曾进行过一场辩论赛，当时所有的情况都暗示林肯即将面临失败。对此，林肯自己也感到十分沮丧，一直以来的疾病折磨着他，这为他的说话增添了一些感人的氛围。

在最后一次辩说中，林肯突然停顿了下来，他停顿了差不多一分钟，看着台下坐着的听众，有些是朋友，有些是完全陌生的面孔。他那深陷下去的忧郁的眼睛就像平时一样，似乎满含着快要流下的泪水。他将双手紧紧地握在一起，好像它们太疲劳了，已经没有力气来应付这场战争。

然后，林肯以自己独特的声音说道："朋友们，不管是道格拉斯法官还是我自己被选入美国参议院，都是无关紧要的，一点儿关系也没有。我今天向你们提出的这个问题才是最重要的，远胜过任何个人的利益和任何人的政治前途，朋友们。"说到这里，他再次停了下来，台下的听众屏住了呼吸，唯恐漏听了一个字，"即使道格拉斯法官和我自己的那根可怜、脆弱、无用的舌头已经安息在坟墓中，这个问题仍将继续存在、呼吸及燃烧。"当林肯说完之后，全场寂静了一秒钟，然后爆发出雷鸣般的掌声，甚至有的听众情不自禁地擦起了眼泪。

林肯在这段话语中的停顿有什么作用呢？我们似乎可以从他的自传中找到答案，一位曾替林肯写自传的作者写道："这些简单的话语，以及他当时的演说态度，深深地打动了每个人

的心。"确实,适当的停顿,不仅能够让我们的声带暂时得到休息,还能够增强语言的表达力。

停顿,是需要掌握的基本说话技巧。恰当的停顿不但可以让说话层次分明、突出话语重心、吸引听众的注意力,而且能够前后呼应。如果缺乏应有的停顿,一直不停地说下去,就会让人有急促感,也表达不出说话者的感情和力度。

那么在实际说话中,我们该如何掌握停顿,以达到最好的表达效果呢?以下是最常见的四种停顿。

1. 逻辑停顿

逻辑是指在说话过程中,为了表达某种感情,强调某一观点或概念,突出某一事物或现象,在句中没有标点符号的地方作适当的停顿。逻辑停顿是根据你在一个句子中需要强调的内容的停顿,是一种表达感情的需要。

2. 特殊停顿

特殊停顿是为了加强某种特殊效果或满足某种需要所作的停顿。停顿的表现力主要有四个方面:变含糊为清晰、变平淡为突出、变平直为起伏、变松散为整齐。

例如,有些排比句通过停顿变得更美,节奏更好,但要声断、气不断、情不断,即只是声音的消失,而气流与感情是连起来的。

3. 语法停顿

语法停顿又叫自然停顿,例如,一个词中间是不能停顿的，而中心语与附加语之间会有一个小小的停顿。一篇讲话稿中用标点符号表示的地方要停顿，不同的标点符号停顿的时间长短不一样，它们停顿的时间是：句号(包括问号、感叹号)＞分号＞冒号＞逗号＞顿号。从结构上，是段落＞层次＞句子。

4．感情停顿

感情停顿又叫心理停顿，逻辑停顿为理智服务，感情停顿为感情服务，表示一种微妙和复杂的心理感受而作的停顿。

第七节　吐字清晰，字字珠玑

如果我们在公众场合作一些演讲，这就需要吐字正确清楚，语气得当，节奏自然；声音也要够洪亮，悦耳动听，铿锵有力；语调要富于变化，区分出轻重缓急，要随着演讲情感的变化而变化。除此之外，领导讲话的时候有可能面对的是几十人，甚至上百人、上千人，所以其声音要有一定的传达力和穿透力，要使在场的听众都能听得真切、听得明白。而很多讲话者在实际讲话场合，会由于紧张或者其他原因，导致自己声音浑浊、飘忽不定，或者音节模糊，还夹杂着喘气的声息；或者声音忽高忽低、生硬呆板。这样的发音问题都会影响听众对讲话内容的理解。其实，之所以出现这样的现象，大部分是由于音色过于厚重，导致发音不够清楚。

我们形容一个人发音准确，常常会用到"字正腔圆"这个词语。其实，声音最佳的素质大概也就是这样的效果。字正，就是讲话的基本要求，要求读准字音，读音要响亮。这就需要在讲话的时候，要符合声母、韵母、声调、音节、音变的标准，不要误读，另外还要避开音色中不利因素的影响。腔圆，就是说话的时候声音要圆润清凉、婉转甜美，富于音乐美，这样才能做到真正的字正腔圆。

小张有着浓厚鼻音，他说话的时候，听起来就好像是他的鼻子被人捂住一样，声音在里面出不来，嗡嗡地，让人实在听不清楚。以这样的声音，别说是在大庭广众之下作演讲，就是单独面对面地说话，听者也要竖起自己的耳朵，集中全部的精力才能听明白他到底说的是什么。有时候，如果他说话速度有点儿快，听起来就更加困难了，甚至每一个字、每一个词语都需要仔细辨认。

何谓鼻音呢？其实它是厚重音色的一种。如果你用大拇指和食指捏住你的鼻子，然后发出"呃……哼……嗯"这三个音节，你的手指便会感到发音所引起的鼻部的细微颤动，这就是鼻音。有时候，因为你发音部位不准确，就会不小心发出鼻音，用鼻音说话很容易给人装腔作势、扭扭捏捏的感觉，这是一个损坏个人讲话形象的发音缺点。

在生活中，有的人说话时就好像嘴里含了一个鸡蛋似的，说出的话含混不清，那一句句话、一个个词、一个个字都好像粘在了一起，甚至听不出具体的字词句来，他们在说话时嘴唇都不怎么会动。于是，我们常常把这种咬字不清、发音低浊、语言含糊的说话者称为嗫嚅者。此外，讲话需要的是浑厚、响亮的声音，而不是丝丝低语。你可以将自己的手指放在喉头上，以正常音量说一两句话，若完全没有颤动感，没有嗡嗡声，就是在用低语讲话。

那么，如何纠正厚重的音色呢？

1. 鼻音的纠正

为了避免用鼻音讲话，你讲话的时候嘴巴要张开，上下齿间要保持半厘米的距离，而不是像两列玉米一样紧紧靠在一起，否则不利于发出清晰的声音。这时候你要用胸部产生共鸣。

2. 吐字清晰

在平时的生活中，可以花一点时间来大声阅读一段话或一些词语，注意要把嘴巴张开，使声带发出字正腔圆的声音来，尽量把每一个字说清楚，练习时间长了就会有所好转。

3. 改善低语的情况

有语言学家说，低语是声音的魂魄，就是丧失了大部分语调和共鸣的声音。如果用低语说话，就会经常把语句中整个音节省略，使人听起来昏昏欲睡。想要改善低语的情况，就要在讲话时尽可能打开自己的胸腔，产生共鸣的声音，有颤动感，声音就会变得洪亮。

第二章

增强心理素质，当众讲话是追求事业成功的无价之宝

每天，我们都用语言与人打交道，所以练就当众说话的基本功是很重要的。良好的口才是一个人的招牌，它可能会影响你的职位晋升、影响你的客户拓展，甚至影响你一生的成就。可以说，当众说话有着非凡的人生意义，有能力也是需要"说"出来的，而良好的人际关系也是从当众说话开始的。毋庸置疑，当众说话可以更好地反映一个人的综合素质，更是体现个人魅力的一个最佳机会。

第一节　言语，是做事的重要辅助器

戴尔·卡耐基说："一个人的成功，15%取决于专业知识，85%取决于口才艺术等软本领。"现代社会，几乎已经不存在不需要口才的职业，随着社会的日益发展，诸如导游、管理、服务等，这些职业越来越重视当众说话的能力。为什么当众说话会如此深受殊荣呢？其中，一个关键性的原因在于：言语的威力是做事的重要砝码。在现实生活中，会说话、会办事，别人才会接纳你、尊重你、帮助你，你的愿望才会实现。俗话说："精诚所至，金石为开。"好的口才首先会让别人感受到你的热情以及诚意，只要你具备足够多的言语技巧，你就可以用一根头发牵动一头大象。拥有当众说话的好口才，无疑为你做事增加了成功的砝码。

三国时期，邓芝受命出使东吴。他到了东吴，孙权对他很怀疑，因此不肯接见。过了两天，邓芝给孙权写了一封书信。孙权一看，只见书上写道："臣今到此，非但为蜀，并且为吴。若大王不愿见臣，臣就去了。"孙权犹豫不定，一些大臣也都想刁难一下邓芝。后来，孙权采纳了张昭"先给邓芝个下马威"的意见，在殿前放一个沸腾的油鼎，命武士各执兵器，站立在两侧，召邓芝入见。

邓芝听孙权召见他，便从馆舍出来，毫无惧色，昂首走入大殿。邓芝进入殿内，就对孙权说："我特为吴国利害而来，大王却设兵置鼎，以拒一儒生，可见大王度量太小。"孙权听后，觉得很惶愧，忙令人赐座。邓芝问道："大王欲与魏和呢？还是与蜀和呢？"孙权说："孤非不欲和蜀，但恐蜀主幼国小，不足敌魏。"邓芝侃侃道："大王为当世英雄，诸葛亮亦一代豪杰。蜀有山险关隘，吴有三江，若互为唇齿，进可兼并天下，退可鼎足峙立。如大王甘心事魏，魏必然会征大王入朝，索王子做质子，一不从命，便起兵讨伐，那时蜀国再顺江东下，臣恐大王两面受敌，江东之地不能复有了，请大王熟思！"为赢得孙权的信任，表示诚意，邓芝又说："若大王以为愚言是不可取的谎言，吾愿立即死在大王面前，以杜绝说客之名。"说着，撩起衣服，就装作向油鼎跳去。孙权忙令人将邓芝拦住，请入后殿，以上宾之礼相待。

在上面这个案例中，邓芝单枪匹马与吴国谈判，在大殿上坦然直言，侃侃而谈，以自己的勇气加上言语的技巧，促成了整个谈判的成功。

美国南北战争开始时，北方联军连吃败仗。后来林肯大胆启用了一位将军——格兰特。他出身平民，衣着不整，言语粗俗，行为莽撞，有人还说他是个酒鬼。林肯心里明白，所有对他的传言都是夸大其词……后来，竟然有人要求林肯撤掉格兰特的军职，其理由是说他喝酒太多。林肯则不以为然，他赞扬格兰特说："格兰特总是打胜仗，要是我知道他喝的是哪种酒，我一定要把那种酒送给别的将军喝。"格兰特没有辜负林肯的信任，为结束南北战争立下了赫赫战功，证明自己的确是一位能力卓越的将军。后来，他成为美国第十八任总统。

在这里，林肯用"语言"激发了格兰特将军的热情，形成了良性的链式反应，从而让平常的语言产生巨大的效应。而且，这是一种愉快的内隐刺激伴随说服性交流信息而产生的巨大作用，在生活中很多事情都是不难做到的，尤其当你拥有了当众说话的口才时，前进的路途会变得更加平坦。

1.话说得好，做事更易成功

在生活中，有些人本来事情办得好好的，结果一说话就坏事。这是怎么回事呢？在做事过程中，言语不当会坏大事，与此相反，假如你具备当众说话的好口才，在关键时刻说上几句良言美语，那事情没准就会成功，这就是做事与说话之间最重要的联系点：话说好了，做事才容易成功。

2.言语需要一定的心理策略

在说话过程中，我们需要巧用一些心理策略，要将话说到对方的心里，如此才能左右逢源、应对自如。相反，不论你的口才多棒，假如不懂得一定的心理策略，话说不到对方的心里，那么说得再多也是无济于事。

第二节 学会当众说话是通往成功的通行证

众所周知，当众说话无非就是在公开场合说话，对于如此简单而又极为普遍的一件事情，怎么会有非凡的人生意义呢？公开说话，首先意味着你把自己的形象完全地展现在公众面前，它就好像一个人综合素质的一面镜子，也好似衡量一个人的能力以及水平的一把尺子。对于一个普通人来说，当众说话说得好，无疑会赢得良好的形象效应，自然而然地成为人们欢迎的对象，至于工作、爱情、理想还会远吗？尤其是对于领导者来说，如果公开说话能够说得生动精彩、引人入胜、打动人心，无疑会给听众留下难以忘怀的印象。甚至可以塑造良好的领导形象，使自己的威信得到提高，权威得到增强。

或许，有的人会有疑问：我既不是领导，也不是教师，我只是一个普通的职员，当众说话对我没有任何意义。可是，真的是这样吗？当众说话往往是伴随着人们的职业发展悄悄地来到人们的面前，如果问到需要"当众说话"的职业，那么，你或许马上就会脱口而出"校长、主持人、老师、律师、明星、运动员……"你所能想到的可能还会更多。足以见得，当众说话已经成为了我们人生中的一部分，对此，套用英国前首相丘吉尔一句经典的话:"你能对着多少人当众讲话,你的人生就会有多精彩。"

一位女士做了这样的自述:

我以前是学幼儿师范的,毕业之后分配到一家幼儿园做幼儿教师。因为工作出色,5年之后,单位提升我为教务主任。结果,我一上任就遇到了一个大难题:需要经常给老师们开会,但我一当众说话就紧张,开了一年的会还是如此,开会前总是睡不好觉,吃不好饭,心神不宁,真是痛苦不堪,最后我选择了辞职作为解脱。

案例中的女士,仅仅因为当众说话就觉得自己的人生充满了苦恼。可见,当众说话确实给我们的人生带来了一些与众不同的东西,给人生带来了非比寻常的意义。

1. 当众说话为人生的交际增添色彩

21世纪是信息的时代,竞争异常激烈,机遇和风险并存。一个人要想获得成功,实力当然必不可少,但交际也有着相同重要的作用。人生中的交际离不开口才,特别是当众说话的能力,这将是获得社会认同、上司赏识、下属拥戴、同事喜欢、朋友帮助的必要条件。如此一来,当众说话给人生交际增添了如此多的色彩。

2. 当众说话为人生的事业构筑桥梁

美国前总统尼克松曾经说过:"凡是我所认识的重要领袖人物,几乎全都掌握一种正在失传的艺术,就是特别擅长与人进行面对面的交谈……一位领导人如果不能在交谈时吸引人、打动人，那么他大概也说服不了人，也未必能成为领导人……"

在这里，当众说话无疑为领导者的事业构筑了桥梁。既然当众说话对领导者有如此大的作用，那么对于一个普通人来说，在事业上所产生的作用将会更大，诸如升职、加薪有时都能够通过当众说话得到实现。

第三节　再出色的能力，也要用语言展示出来

虽然，我们经常听到这样一句话"能力并不只靠嘴巴说出来的"，但是不可否认的是，在很多时候，即便我们具备优秀的能力，如果不说，别人又怎么会知道呢？所谓的有能力，有时也要靠"说话"说出来。俗话说："酒香不怕巷子深"。更何况对于一个人所具备的能力呢？一个有远大志向且具备卓越能力的人，假如连话都不会说，他又怎么能向众人证明自己的能力呢？或许你会反驳，能力大多是通过"做"证明的，不过，对于那些埋头默默做事的人来说，若不具备一定水平的口才，那他所发挥出来的能力将会黯淡不少。因此，如果你有能力，那么就更应该学会"当众说话"，如此才会让你的能力得到最大限度的发挥。

小王是中学政治老师，在学校里，他可谓是最优秀的讲师

了，不仅有能力，而且讲课的功夫特别棒。许多同事询问其秘诀，小王总是呵呵一笑："秘诀就是要会当众说话，对于我们老师来说，既要肚子里有货，也要能倒得出来，即使一个老师很有学识，若是不会说话，那他的能力也是无法发挥出来的。"

对于说话，小王老师可以说是相当精通，就连当众说话里的"提问"环节，说起来也是学问颇深，他常常这样说："我们在提问时，要分层提问，化难为易，化大为小，把课堂提问当作一门艺术，这样我们才能够运筹帷幄，统领全局。另外，这样的提问方式也能够很好地结合学生的实际，做出有计划、有步骤的系统化的提问，层层深入地引导学生的思维向纵深发展。"

举一个简单的例子：

在一次政治课上，小王在讲到"商品"这个概念的时候，他设计了一连串由浅入深的问题来启发学生层层深入地了解。课堂一开始，小王就提问："同学们，我们吃、穿、用的物品是哪来的？"学生异口同声地回答："市场上买的。"小王老师接着问："那市场上出售的商品又是从何而来？"有学生回答："劳动而来的。"小王老师继续问："所有的物品都是劳动产品吗？所有劳动产品都是商品吗？"学生们摇摇头，却又说不上来，小王老师问："原因是什么呢？"这样几个问题一一提问下来，使得"商品"的外延范围越来越小，逐渐显示出了内涵。最后，小王老师轻松揭示："商品就是用来交换的劳动产品。"课程结束后，小王老师总结说："这样的提问方式循序渐进，能够带领学生轻松地跨越思维的台阶，学生比较容易接受。"

老师作为一种职业，更需要当众说话的技巧，其实，在生活中还有许多职业需要当众说话，诸如导游、主持人等。对这一类职业的人来说，除了本身所具备的专业知识之外，更需要具备当众说话的能力。因为只有通过说话，才能证明自己的能力，就老师来说，即便是读了万卷书，如果不懂得如何表达出来，那么学生还是会认为他（她）不算是多优秀的老师。因此，对于此类职业的人来说，尤其需要多做当众说话的练习，以此来证明自己的能力。

或许，有的人认为自己并不是老师，也不是导游，更不是主持人，只是一个做技术的员工，那自己肯定是不需要具备什么说话能力了。这样的想法是有失偏颇的，当然，如果你仅仅想做一个默默无闻的员工，从来没有想过晋升职位或者进一步拓展自己的能力，那不具备当众说话能力也是可以的。但是，多少人愿意平庸地在一个岗位上待一辈子呢？因此，即使你的能力只是需要"做"来展示，但是假如你不擅长说话，或许你的功绩将无法被证明，又或者你始终在原地踏步。因此，为了能够让自己的能力充分地发挥、展示出来，我们应该学会当众说话，或是向领导推荐自己，或是向众人展露自己的能力。

1.有的能力需要通过"当众说话"才能展露

以上我们已经说过了,有的能力是需要通过"当众说话"才能展露,除了我们所说过的老师、导游、主持人,还有领导者。对于一位领导来说,他的能力、威信以及对下属的管理很多是通过说话表现出来的。因此,当众说话是其必备的一种技能。

2.有能力也需要大胆"说"出来

在生活中,有的人明明具备了优秀的能力,但是他总是表现得异常低调,似乎在等着伯乐来发掘自己。但是,现代社会千里马向伯乐自荐的例子也不胜枚举,如果你总是不敢"说"出自己的能力,不愿意推荐自己,那么即使你有一身本领也将会被埋没。

第四节 敢当众说话,你才有良好的人际关系

说话往往可以帮助我们建立和谐的人际关系,事实上,我们可以说:良好的人际关系是从当众说话开始的。人们都有这样的经历:新学期做自我介绍,到新公司当着同事的面介绍自己,在新的朋友面前介绍自己,等等。当我们当众介绍自己的时候,无疑,我们整个人的形象都将得到根本的展现,而这恰恰是需要通过说话来完成的。当众说话时,你是幽默还是木

讷，你是健谈还是少语，别人都会观察得一清二楚。因此，你的人际关系是否和谐，与你当众说话水平的高低有关。你当众说话很精彩，自然而然你的人际关系就会好很多；你当众说话很差，相对地你的人际关系也会受到影响。这就是当众说话给我们带来的人际关系的差别。因此，如果你想拥有较好的人际关系，就应该首先学会当众说话。

不管是学习期间，还是工作期间，我们都有一个很明显的感受：谁当众说话次数比较多，我们对谁的印象就更深刻；谁当众说话比较精彩，相应地，我们对他的印象就更好。

参加口才培训的朱先生讲述了自己的经历：

我以前从来不喜欢说话，总是一个人默默地坐在教室里学习，后来就是在办公室里上班。在屋子的角落里，我观察着那些受欢迎的同事，他们大多都是能说会道的人，经常当众讲故事、说笑话，逗得我们哈哈大笑。其实，我很羡慕他们，也很想成为受大家欢迎、能被大家记住的人。但是，我天生胆子小，即便是跟别人打个招呼都需要鼓起勇气才行。下班后与同事一起吃饭，也不知道说什么才好，老是觉得自己没话可说，搞得整个气氛十分尴尬。因此，从小到大，人们对我的评价就是一句话：沉默寡言，人际关系比较差。

后来，我朋友建议我去参加口才培训班，希望以此能改变我的人际关系。对于朋友的这个建议，我犹豫了很久才决定下来。现在，我已经在口才培训班学习3个月了，我也喜欢说话了，我甚至觉得与人打招呼是一件很愉快的事情，就算是和朋友吃饭，我的话也多了起来。以前，我的话很少，也不喜欢别人话很多；现在我却开始喜欢听别人说话。以前我不知道为什么许多人不愿意与我来往，现在我明白了并不是别人不喜欢我，而是我自己与他们划开了界限，形成了隔阂。我本来脾气比较急躁，一听见别人说话就很烦，那时我不喜欢说话，也不喜欢听他们说话。现在，我说话口气委婉了，也能经常当着大家的面说上几个笑话。亲戚朋友都说我变化很大，而我最大的收获就是交到了很多的朋友。

通过当众说话，朱先生结识了很多的朋友，人际关系越来越好了。生活中大量的经验告诉我们，那些能说会道的人，往往也是能很好地处理人际关系的人，当然他们的朋友就会越多。因此，如果你想拓展自己的人际交往圈，认识更多的朋友，那么你首先需要学习的就是当众说话。

当众说话能让更多的人认识你。在现实生活中，假如只是一对一地说话，可能你只会认识与你说话的那个人。但是，当众说话却不一样，也许只是你一个人在说话，但是身边很多人是通过说话认识了你。即便是你不主动去交朋友，估计朋友也会主动来认识你。这样一来，你的人际关系自然不会差了。

第五节　领导者有出色的当众说话的能力，才能事业光明

领导者若是精于当众说话，无疑是为自己的仕途铺好了道路。或许这在国内不是太明显，但如果你经常关注西方各国的领导者，你会发现，那些领导者大多是依靠演讲出名的。世界上没有哪个地方会像美国那样让候选人花费接近两年的时间去走遍全国宣读自己的治国纲领，也更没有其他哪个国家在过去的两百多年始终保持着这种做法。我们所熟知的美国选举方式，就是一个人如果觉得自己有能力成为领导，那就需要进行大大小小的演讲，在全国的不同地方，通过演讲将自己展现在民众面前，让民众来决定其去留。这样一来，领导者是否精于当众说话，就直接影响到自己是否能成功地走上仕途。因此，领导者若是想仕途坦荡，就必须精于当众说话。

可能有的人觉得这样的现象在国内并不是很常见，那是不是意味着在国内当领导就不必进行当众说话呢？当然不是，虽然国内领导选举并不需要通过演讲来决定，但只要作为领导者，大大小小的会议以及活动都需要当众说话。如果你缺乏当众说话的能力，那你只能整天窝在办公室里做一个普通的职员，你永远只能坐在台下当听众。因为到目前为止，还不存在领导者不需要当众说话的情况，只要是领导者，就必须具备当众说话的能力，哪怕只是一个小组长，也需要面对几个下属说

话，而不是一对一地说话。所以，如果你想在仕途上走得更远，那你就需要擅长当众说话，不仅要敢于在公众场合说话，还要说得很好。

1858年，林肯在竞选美国上议院议员的时候，在伊利诺伊州南部进行演说。那时蓄养黑奴的恶霸们平时对废奴主义者就非常仇恨，但在演讲中，林肯说："南伊利诺伊州的同乡们，肯特基州的同乡们，听说在场的人群中有些人要和我作对，我实在不明白为什么要这样做，因为我也是一个和你们一样爽直的平民，那我为什么不能和你们一样有着发表意见的权利呢？好朋友，我并不是来干涉你们的人，我也是你们中的一员，我生于肯塔基州，长于伊利诺伊州，和你们一样是从艰苦的环境中挣扎出来的，我认识南伊利诺伊州的人和肯塔基州的人，也想认识密苏里州的人，因为我是他们中的一个……"

林肯是一位精于当众说话的领导者，在这个案例中，当时林肯还没有完全得到南部民众的支持，这将意味着他还不确定自己竞选议员能否成功。于是，这次演讲就相当于林肯仕途的一个转折点，他以卓越的口才成功地征服了那些敌对自己的人，从而达到了化敌为友的目的。

在演讲中，林肯亲切地称呼那些反对自己的人为"南伊利诺伊州的同乡们，肯塔基州的同乡们"，并且他在演讲过程中不断地提到"我""我们"，使听众产生一种"认同感"，这样一种言语暗示形成了强大的影响力，最后让那些敌对怒视变成了喝彩声。当然，通过这次演讲，林肯成功当选美国上议院的议员，这也为其后来当上美国总统奠定了基础。

那么，当众说话到底给领导者的事业带来什么影响呢？

1. 当众说话可以更有效地展现领导者的能力

当众说话直接体现了一个领导者的能力。但凡是一个卓越的领导，他都拥有很强的说话能力，如果连话都不会说，那他又有什么能力来领导他的公司或团队呢？

不管是哪一个行业或哪一个层级的领导，都是一个群体或团体行动的筹划者、指挥者、领路人和代言人。不论是下决策、作指示、安排工作、部署任务，还是发动下属、教育下属，这些工作都需要通过说话来完成，换句话说，要做一名称职的领导者，必须具备较高的讲话能力。

2. 当众说话有助于领导者的管理工作

古往今来，既有"一人之辩重于九鼎之宝，三寸之舌强于百万雄兵"的言谈，也有"片语可以兴邦，一言可以辱国"的说法。作为一个领导者，在管理自己的群体或团队的过程中，若是擅长当众说话，那他往往能够左右逢源，无往不利。

第六节　学习当众说话，掌握获得幸福人生的密钥

许多人可能都不知道这样一个秘密：当众说话可以成为幸

福生命的密钥。说话怎么可能为我们的生活带来幸福呢？在现实生活中，许多人是人前话很少，人后却喋喋不休，他们对着天花板抱怨、对着窗户咒骂，内心所受的委屈及伤痛瞬间涌现了出来，人们通常把这样的心情叫做"憋屈"。因为在大庭广众之下不敢说、不愿说，结果自己受到不公平待遇只能是"哑巴吃黄连——有苦说不出"。这些不敢当众说话的人，往往也是生活中总感到自己不幸的那一类人。当众说话，对人的情绪有一定影响，心中想什么，就应该大胆地说出来，如此才不会造成内心的压抑和憋屈。话说完了，心中的怨气也就没有了，如此一来，你还会感觉自己是不幸的吗？因此，我们可以说：幸福生活的密钥就是当众说话。

美国医药学会前会长大卫·奥门博士曾说过："尽量培养出一种能力，使别人能够了解你的思想和感觉。学习在个人面前、团体面前、大众面前清晰地表达自己的思想和观念。在你通过不断努力而获得进步的时候，你便会发现：你——真正的你，正在人们心目中塑造一种前所未有的印象，产生前所未有的冲击。从这份处方中，你还会得到另外的好处。学会公开讲话，会增强你的自信心，你整个人的性格会越来越温和，越来越美好。这将意味着你的情绪已渐入佳境。"这是他曾经开过的一个药方，当时他还说了这样一句话："在药房里抓不到，每个人得自己配，你要认为自己不行，那就错了。"假如你觉得你的人生遭遇了不幸，或是升职无望，或是求职失败，或是向异性表白遭遇了拒绝，等等，我相信，大卫·奥门博士所开出的药方——当众说话，都是十分适合你的。如果你能够真正地学会当众说话，那么你会发现，幸福的生活正在向你挥手。

李女士是出了名的"撒气儿夫人"，她就职于一家大公司，并担任办公室主任。在工作过程中，最让李女士头疼的就是处理纷繁复杂的人际关系，由于她不擅长当众说话，笨嘴拙舌，总是将每天公司里发生的那些不顺心的事情憋在心里，时间长了，她就养成了"上班受气、回家撒气"的习惯。备受其害而又无奈的家人，送了一个"撒气儿夫人"的绰号给她。尽管这样，她与家人的关系还是越来越糟糕。

李女士经常抱怨："我觉得自己就是最不幸的人，在公司，要无端地受别人的气，自己却大气不敢出；回到家，本想撒撒气儿，可家里人也不理解、包容，我真是有苦无处说啊。"面对李女士的案例，心理医生表示说："其实，心中有委屈就是要一吐为快，学会了当众说话，你的心情舒畅起来，工作也会顺心不少，家庭也会和睦起来，如此一来，那些所谓的不幸将会成为一种幸运。"

在生活中，诸如李女士的案例比比皆是，对此心理学家指出："假如一个人很有主见，当自己受委屈的时候，会在第一时间表明自己的态度，就不会在心中郁积很多的愤怒。"然而，对于有些人来说，他们习惯了忍气吞声，不愿意当众说出来，结果反而给自己内心积压了更多的压力和不满。因此，如果你和李女士一样，那么请大声发表自己的意见与观点，说出来，你的心里将会舒畅很多。当众说话，确实是你开启幸福生活的钥匙。

在生活中，许多人之所以会感觉自己是不幸的，大多在于内心自卑、缺乏勇气。而综合起来，就是不敢或不愿意当众说话，因此才会把自己推到不幸的境地。当众说话可以为我们的生活带来很多新的改变，不管是情绪上的改变，还是心理的改变，这些改变都是很有必要的。

1. 当众说话是培养一个人自信和勇气的最佳方式

卡耐基先生说过："当众讲话是培养一个人自信和勇气的最佳方式。"当一个人消除在一群人面前说话的恐惧之后，也会克服对自己、对别人以及对生活本身的恐惧。当你当众说话时，可能会有这样的体会：当你站在许多人面前说话，说得听众频频点头，大家的目光都在赞许你，还有人在本子上记要点，在说话结束时听众对你报以热烈的掌声，在散场时有人找你签名，有人会找你请教问题，你会对自己产生新的价值肯定，心中的自卑会一扫而光，自信心将得到数倍的增长。

2. 当众说话有助于减少内心郁积的怨气

对于那些总是憋屈地生活的人来说，当众说话将有利于其减少内心郁积的怨气。在心理治疗里有一种办法叫做"空椅子技术",就是告诉我们缓解压力的根本办法就是接纳自己、大胆表达自己的意见。对于自己所受的委屈以及压力,我们应该真实地通过当众说话发泄出来,如此我们才能感受到生活带来的幸福。

第七节　自信开口,敢于当众说话

英国前首相丘吉尔曾说过一句经典的话:"你能对着多少人当众讲话,你的事业就会有多大。"事实确实是这样,在职场中,有许多场合都需要当众说话,比如求职面试、竞聘职位、总结报告、主持活动、会议发言、接受采访,等等。毋庸置疑,当众说话是一个人在职场中必备的基本技能之一,也是管理者对员工进行管理的必要工具。在更多的时候,当众说话将为我们赢得事业成功。在事业发展的路途中,我们所需要经历的过程大多是这样的:最开始只听上司说话,慢慢地我们开始对一两个下属说话,逐渐地听我们说话的对象越来越多,直至有的人做到了公司老板的时候,那时候我们所面对的将是对全体员工说话。或者是另外一个过程,我们最开始在大街上当众说话,后来发展到全国,甚至全世界。当然,在这个过程中,我们已经成就了自我。我们可以当着多少人说话,我们的事业就会有多大,这是很容易想象得到的事。

相反，那些工作中言语不多的人，即便他们具备卓越的工作能力，但是他们的事业已经局限在其所坐的位置上了，敢于当众说话是事业成功的"秘方"。在工作中，当与同事意见发生分歧的时候，需要大胆说出来，因为你说出来，或许会有万分之一的机会成功，但你不说，就连这细小的机会也没有了；在想到了很好的提议的时候，哪怕会议室里人山人海，你也需要大胆地说出来，证明自己的能力；在面对消费者的时候，更是需要将当众说话发挥得淋漓尽致。多少事业成功的人都是这样一步步走过来的，如果说他们与别人不一样的地方，我想其中应该有这样一点：敢于当众说话。

马先生在上个星期晋升为了总经理，尽管马先生的工作能力大家有目共睹，但是他有一个最大的缺点：惧怕当众说话。这个症结他在上学时就有了，那时他不能在课堂上作报告，每当学校有口试他就会两腿发软。甚至，在他结婚的那一天，幸亏他得了重感冒，嗓子不能发出声音，才躲过了那天的当众说话。

现在，马先生正愁眉苦脸地坐在办公室，很快他就会在公司评议大会上作报告了，这是他担任新职位以来第一次公开说话，公司高层领导对此极其重视，希望他能通过这次讲话奠定好自己未来的事业基础。但是，对于马先生来说，当确定了报告日期的时候，自己就再也没有睡过一天安稳觉，他甚至冒出了一个荒唐的念头：请病假来逃过那难熬的2小时。

当然，这个荒谬的念头并没有实现，马先生还是一如既往地来到了会场。虽然，之前默念了无数遍演讲稿，但真正到了高高的讲台，马先生像突然得了健忘症，他一边不停地抹着额头上沁出的汗水，一边吞吞吐吐地说道："今天……谢谢大家，我需要说的是……"在整个讲话过程中，马先生停顿了无数次才勉强讲完，比预算的时间超出了很多。

会议结束之后，上级领导对马先生说："现在将手上的全部工作放一放，你去上口才培训班，希望你能有所收获，等到下次会议的时候，我希望能看见你有一个崭新的面貌，如果你还是不能做好，那么我想有必要考虑你是否适合这个职位。"

对于马先生在会议上的表现，法国心理学家克里斯多夫·安德烈说道："如此的行为很普遍，害怕丢脸、害怕当众说话，就好像他们害怕蛇虫一样。有一半以上的人害怕这种当众说话的场合，而有大概三分之一的人放弃过当众说话的机会。"就好像马先生一样，虽然他拥有优秀的工作能力，但是作为一名管理者以及领导者，他还需要当众说话的口才。如若不然，他的事业将会重新回到原地。

1.当众说话也是一种能力

其实，说话本身就是一种能力，你看见过站在路边小摊上吆喝的老板，有的人一个月就能收入上万，如此的酬劳甚至超过白领阶层。这是为什么呢？这就好像有的人因为技能挣钱，有的人因为苦力挣钱，而他们则是靠一张嘴吃饭。许多各行业最优秀的推销员,无不是当众说话的卓越者。因此,在学习当众说话的时候,我们不仅需要把它当成是事业成功的砝码,更需要将它当成是一种特殊的能力。

2. 当众说话为事业发展增加了更多的机会

可能你本来只是擅长在车间里埋头苦干,如此一来,你只能做一名普通的职员。但是,假如你更擅长当众说话,那么你去销售部也是非常适合的,或者以后成为一名优秀的管理者也是可以的。敢于当众说话,无疑为我们的事业发展增加了更多的机会。

第八节 练习当众说话,展现领导魅力

著名领导学专家沃伦·本尼斯曾说:"领导者与常人的区别在于,领导者能够把握说话的技巧,清楚明白地表达人类共同的梦想。"当众说话是领导艺术的重要组成部分,在中外历史中,那些业绩卓著的领导者无一不是当众说话的高手。他们的号召力、影响力以及组织能力之所以能充分发挥,在很大程度上得益于他们当众说话的艺术以及水平。作为一个领导者,经常出入各种公开场合,用得体的语言进行谈判、演讲、激励员工、部署工作,等等,这些无一例外都是在进行当众说话。而在说话的过程中,领导的魅力将展露无遗。

一个领导者大部分时间都是在说话,他所具备的才能、知识、素养等都是通过说话逐一展现的,而那些就是领导者自身的魅力。当众说话的效果在某种程度上将影响领导者魅力的展现。

英国前首相撒切尔夫人在自己上任后的第一次讲话里说道:"我是继伟人之后担任保守党领袖的,这使我觉得自己很渺小。在我之前的领袖,都是赫赫有名的伟人。如我们的领袖温斯顿·丘吉尔把英国的名字推上了自由世界历史的顶峰;安东尼·伊登为我们确立了可以建立起极大财富和民主的目标;哈罗德·麦克米伦使很多凌云壮志的梦想变成了每个公民伸手可及的现实;亚历克·道格拉斯霍姆赢得了我们大家的爱戴和敬佩;爱德华·希思成功地为我们赢得了1970年大选的胜利,并于1973年英明地使我们加入了欧洲经济共同体。"

1979年,撒切尔夫人在大选中获胜,这时她说道:"无论大家在大选中投了谁的票,我都要向我们全体英国人民呼吁:现在大选已过,希望我们携手前进,齐心协力,为我们所自豪的国家的强大而奋斗。我们面前有很多事情等着我们去做,让我们一起奋斗吧!"

1987年,撒切尔夫人第三次连任,她讲了这样一段话:"我们有权利也有义务提醒整个自由世界注意,英国再次信心百倍、力量强大和深受信任。我们信心百倍,是因为人们的态度已经发生了变化;我们的力量强大,是因为我们的经济欣欣向荣，富有竞争力，而且在不断强大；我们深受信任，是因为世人知道我们是一个强大的盟友和忠实的朋友。"

撒切尔夫人最大的魅力在于威信，她是20世纪后期世界上最具魅力的政治人物之一，而她那卓越的当众说话的口才，更展现了其非凡的魅力。如果说威信是她的魅力，那在这几次当众说话中，她的魅力得到了最大限度的展现。第一段话里，撒切尔夫人列举了现代史上英国历代首相的功绩，以此来表明自己的任重道远；第二段话里，她以富有感情的语言贴近了广大民众，增强了她在英国人民心中的印象；第三段话里，以豪放的语言表现自己的信心和王者之气，进一步提高了她在人民中的威信。

在实际的当众说话中，领导者是如何展现自己魅力的呢？

1. 在当众说话中展现语言魅力

许多领导讲话不注重语言魅力，只注重形式。他们在讲话的时候枯燥无味，让下面的人听起来很难受，甚至有人为了躲避听领导讲话，请假、会上打瞌睡、玩手机游戏、频频借故出入会场。这就从根本上体现了一个领导者的语言魅力的重要性。

试想，如果一个领导在台上讲话滔滔不绝，下面的听众却置若罔闻，那就表示他没有足够的领导魅力，而这正是由于领导的语言枯燥没有魅力造成的。

2. 在当众说话中展现个人魅力

当领导者站立在台上时，他的衣着打扮、礼仪、说话、体态姿势都将全部展现出来，那是没有办法隐藏的。这时候领导者所展现的就是个人的魅力，或风度翩翩，或不苟言笑，等等。领导者的个人魅力是通过当众说话而得到体现的。

第三章

把握神色姿态，落落大方，让听众心随你动

当众说话，除了运用有声语言以外，我们还需要借助面部表情、手部动作、身体姿态等各种非语言手段来帮助和加强语言表达。这些形态语言主要起着强调、补充、修饰、渲染的作用，有时可单独使用，甚至有时可以代替有声语言。

第一节 眼神交流：让你的语言充满情感

在说话过程中，许多人很容易忽视眼神的交流，他们通常是埋头看讲稿，或者仰着头看天花板，似乎那些视线范围内的东西比听众更重要。当然，造成这种现象的原因有很多，有可能是内心胆怯，不敢跟听众进行视线接触；也可能是个人习惯所致。但无论是出于什么样的原因，假如你在整个说话过程中，都忘记了去注视听众，将会直接导致你说话的失败，不管你的说话水平有多高，或者内容有多精彩，但忽略了最关键的一个环节，就会让听众感觉不受重视，或是认为你太过于胆小，或是认为你根本是心不在焉地说话。如此一来，就好像你刻意地躲避他们的视线一样，他们也会自然地忽视你正在说的话，转而去做另外的事情。

因此，在公开场合说话最重要的一件事就是保持眼神的交流。因为与听众眼神的真切交流会为你开拓新局面，既保证了听者的兴趣，又可以让你获取听众对你说话效果的反馈。当轮到你上台说话时，需要暂停一下，先看看你的听众，这时眼神在无声无息地传送着信息。在眼神里,你可能正在传达这样的语言:"我对你们很感兴趣,请听我说,我有一些东西想要和你们分享。"这样下面的听众才不会厌倦地带着书本离开现场。

一位老师讲述了这样一件事:

昨天下午去听了实验室一位同学作的研究报告,我发现他在报告的过程中,视线几乎没有离开过电脑屏幕,只是一味地讲课,尽管不是照着那课件念,但我还是觉得缺少了点什么。

这让我想到了几个月之前我曾参加的一个学术会议,当时轮到我上台发言时自己觉得很紧张,而且觉得自己经验不足,因此在整个过程中我头也不抬,只是盯着电脑屏幕自顾自地讲话,很快就讲完了。之后有个专家提问环节,如今对于那些专家提出来的关于学术上的问题我已经模糊不清了,但我记住了一个外国专家给我的建议,他说:"我不知道你是因为紧张还是其他什么原因,但我建议你下次作报告时与听众要有眼神上的交流。"那位外国专家的建议令我十分受用,这让我在上课时更加注重与学生们的眼神交流,自然我的教学水平也因此得到了提升。

实际上,与听众在眼神上的交流可以让你了解听众的一些心理活动,是同意、反对,还是疑惑,依据听众的这些反馈,你可以适时地调整说话进度和重点,从而获得很好的说话效果。

在对你的说话材料足够熟悉的基础上,你可以尽可能地多与听众进行视线接触。如果你的眼光一成不变地盯着窗外或看着天花板,听众的注意力就会被你从演讲内容上引开。而与听众视线接触还需要掌握技巧,直视他人的脸则意味着坦率和兴趣,而目光游移或者躲躲闪闪则被认为心怀鬼胎或狡猾诡诈。

通常说话者与听众进行的眼神交流,不仅仅是盯着前排或一两个听众,而是所有的听众。而且,这样的眼神交流是绝对真诚的,而不是虚假的。上下左右环视你的听众,你可以选择一个人作为焦点,然后再换一个人,眼睛慢慢地从一个人移到另外一个人身上,在每一个人身上停留两到三秒,眼睛直视听众,或看着他们的鼻梁或下巴。寻找到那些看起来很友好的听众,向他们微笑,然后转向那些面带疑惑的听众,也逐个朝着他们微笑。

在下面这两个关键时刻,更需要与听众保持视线接触。

1. 说话开始

当说话刚刚开始,你还没有进入正题时,对于对你做出支持性回应的听众,你可以用点头示意和积极的面部表情面向他们。看着他们并利用他们的支持来帮助你平静心情,度过这段令你紧张的时刻。

2. 说话过程中

一旦你开始说话,应扩大你视线接触的范围,使之涵盖所有的听众。你需要做的是直视单个听众的眼睛,并保持这种视线接触至少3秒以上。不要迅速地从一排排脸上扫视而过，应在整个房间内随意地移动你的视线，不要掉入一种单调刻板的模式里。

第二节　如何站立才能展现你的精气神

在公开场合说话，通常说话者需要将有声语言与非有声语言全面地展现出来，因此说话者一般使用的是站姿，而在他前后没有任何的依靠性物体。那么应该是自然的站姿还是挺拔的站姿呢？这两者需要互相结合，形成最佳的站姿。不过，站着可以全面展示说话者的口语表达、肢体语言以及体态语言。我们可以看看，无论是年轻气盛的奥巴马、温文尔雅的布朗，还是联合国秘书长，甚至是奥委会主席，他们在公开场合说话都是站着进行的。当然，也有少数的公开说话是坐着进行的，比如法律演讲、知识讲座等。

作为说话者，应该把握好自己最佳的站姿，无论是对于说话者本身还是台下的听众，都是很重要的。站着的时候，说话者的呼吸、气息都处于最自然的准备状态，有利于最大限度地展现自己的声音素质；而对于听众来说，则可以更直观地欣赏说话者的翩翩风度以及高雅的仪态。另外，站着说话还有很多有利的地方：精神焕发，朝气蓬勃，可以表现出说话者极大的热情，同时这也是对听众的高度负责；有利于体态语言的表达，服饰打扮的体现；能够促使说话者减少说话的时间，因为时间太长，自己站着也不舒服。

这是王帅第一次参加面试，只见他：穿着很随便的破旧衬衫，由于天气炎热还挽起了裤腿，露出半截小腿在外面。站立时背靠着墙壁，好像几天没吃饭似的，双手交叉放在背后，弯曲着身子，眼睛看着地上，似乎地上有什么宝贝似的。在回答面试官问题的时候，他时而望望天花板，时而看看地面，给人的整个印象就是无精打采，根本不在状态。

自然，王帅的这次面试失败了。

俗话说："站有站相。"案例中王帅的站姿可谓相当糟糕，他面试失败的结果也早在我们预料之中。其实面试也算是公开说话，与所有公开说话一样，我们应该把握好站立的姿态，以期给听众留下较好的外在印象。

有时对于一些篇幅较长的政治演讲、辩论演讲也会采用坐姿。通常，坐姿方面的要求如下：坐姿要文雅、大方。落座时要轻盈、和缓，切忌急急忙忙，人未站稳就重重地将屁股落在椅子上；落座后要保持上身正直、头平稳，千万不要有歪斜肩膀、半躺半坐或两手交叉在胸前等不良姿势；两脚跟要微收、并拢，两脚并起或稍前后分开，不要跷二郎腿，勾着脚。

那么怎样的站姿才算是最恰当的姿势呢？一般来说，应该有以下几点：挺胸，收腹，气下沉；两肩放松，重心主要落于脚掌脚弓上；颈椎、后背挺直，胸略微向前倾；绷直双腿，稳定重心位置。

当然，不同的人站立姿态也不一样，下面列举三种常见的站姿。

1. 自然站姿

两脚自然分开，平行相距与肩同宽，约20厘米为宜。这是比较正规、也是最简单的一种站姿。

2. 稍息站姿

通常在说话时一脚自然站立，另外一只脚向前迈出半步，两脚跟相距12厘米左右，两脚之间形成75°夹角，这样的说话姿势就是稍息站姿。说话时若是采用这种姿势，由于其重心总是在后脚跟上，通常在说话过程中需要经常变换姿势，这样身体才能短暂放松，得到休息。但这种说话姿势总给人一种严肃的感觉，因此通常不宜长时间单独使用这种姿势。

3. 前进站姿

前进式是公开说话用得最多、使用最灵活的一种站姿。它的主要姿势是右脚在前，左脚在后，前脚脚尖指向正前方或稍向外侧斜，两脚延长线的夹角在45°左右，脚跟距离15厘米左右。

这种姿势没有固定重心，所以说话者可以随着上身前倾与后移的变化而将重心分别定在前脚跟与后脚上，不会因时间长身体无变化而显得呆板。前进式能使手势动作灵活多变，因为上身可前可后，可左可右，还可转动，这样能保证手做出不同的姿势，表达出丰富的感情。

第三节　不要忽视当众说话时的每个小动作

在公开场合说话，由于自身或者内心胆怯，不可避免地会出现一些小动作，诸如抖腿、频繁地眨眼睛舔嘴唇、身体重心前移、多次扭动双脚、用手遮住嘴巴、用手摸鼻子、抓头发或摸耳朵、将手指放在两唇之间，等等，这些小动作有些是对我们有利的，然而有一些是对我们很不利的。所谓"群众的眼睛是雪亮的"，即便是很小的动作，但在几双甚至上千双眼睛盯着你时，小动作就会被无限地放大，大家都在猜测你的小动作所透露出来的意义：紧张，说谎，或者个人习惯，等等。因此可以毫不夸张地说，那些看似不经意的小动作会大大地影响当众说话的效果。

面试那天，小王竟然睡过了头，起来的时候已经九点半了。他急忙洗漱，整理面试资料，等赶到面试地点已经十点半了。他刚气喘吁吁地坐下，招聘经理就走了进来，没说两句，公司副总也走了过来，想看看这里的面试情况。

顿时，小王一下子就紧张到了顶点，在介绍自己工作经验时不自觉地摸自己的鼻子，尽管他并没有感冒，也没觉得鼻子有多痒。但副总脸上露出了不耐烦的表情,小王心更慌乱了,本来自己昨天还做了准备工作的,可是一紧张什么都忘记了。一会儿,副总就出去了,剩下的面试官问了几个无关痛痒的问题,就匆匆结束了面试。小王明白,这次的面试完全让自己搞砸了。

通常一个人在说话时摸鼻子,给人的第一印象就是不太自信。面试就相当于一次当众说话,遗憾的是,小王正是因为这个小小的动作而失去了一份好的工作。足见,那些看似很细微的动作会大大地影响到当众说话的结果,因为这些可能恰恰反映了一种不自信的心理。如果小王两手向前自然伸出放在腿上,手的位置基本上与腹部等高,这样的姿势就体现出一种坦诚,并使对方觉得他充满热情与自信。

在说话过程中,不同的小动作代表着不同的意义:比如一个人在紧张时,通常会出现抖腿、频繁地眨眼睛、身体重心转移、多次扭动双脚;若是用手遮住自己的嘴巴,则表示其比较内向,有可能他无法向人说出内心的秘密;若说话时不断地触碰自己的鼻子,那表示他极有可能在撒谎;若说话时用手触摸自己的眼睛,表示他可能有点疲惫了,或者是想发表自己的意见。

当众说话还有一些禁忌的小动作,也有可能会导致你说话的失败,诸如拍桌子、拍胸脯、拿桌子上的东西、反复用手摸自己的头发、拳头对准听众、双手插入口袋、双手交叉在胸前、手指向听众指指点点、背手、双手乱动或摇晃、挠痒痒、抠鼻子、揉眼睛、抓耳挠腮、双手掐腰、摆弄衣角纽扣、乱动话筒，等等。

所以，说话时需要注意以下三个原则。

1. 不要随意使用没有逻辑基础的动作

有的人一句话就顺带一个小动作，而且手指摆弄不停，十分夸张。在说话者看来，自己如此指指点点、比比划划就能够吸引听众的注意力。孰料，这只会让听众欣赏他那些不良的习惯，而且让听众感觉到眼花缭乱，从而产生一种厌烦的情绪。

有的人在说话时手舞足蹈，动作滑稽可笑，起初可能会逗得听众哈哈大笑，气氛十分活跃，但过不了多久就会失去这样的效果。听众非但不会笑，反而会露出一种不屑一顾的神情，甚至还会模仿说话者的小动作。

2. 多一些微笑

微笑也算是一种小动作，但这种动作会大大地增强你的说话效果。微笑是一种良性的脸部表情，可以反映出一个人的内心世界。在说话时，如果你能保持面带微笑，那么这次当众说话无疑已经成功了一半。

3. 不要机械地重复小动作

有些人在说话一开始，就一只手不断地搓着脸，以至于听众以为他牙疼，其实这就是无意识表现出来的小动作，而且是机械性的重复。还有的人说话总是向左走三步，回到原来位置，又向右走三步，如此反复，直到最后结束。这样一些不断重复的而又毫无意义的小动作，会让听众觉得说话者很做作，从而降低对其说话水平的评价。

第四节　眼神笃定，不要游移不定

我们常说："眼睛是心灵的窗户。"一个人的内心世界到底是什么样子，都可以通过眼睛这个窗户透露出来。说话者站在讲台，自身的喜怒哀乐，用不着开口说话就能够凭着眼睛的神态传递出内心的情感。而听众也不需要一定听说话者说些什么才能获取其中的信息，有时候只需要关注说话者的眼神，就可以了解其内心想法，知道他想要表达什么样的想法。可以毫不夸张地说，眼神所能传达出来的感情，往往会超过有声语言所表达的含义。正因如此，我们才会有"会说话的眼睛"的说法。既然眼神有如此大的作用，那么在公开说话时更需要充分发挥出眼神的作用来。

说话者在运用口语传递信息的同时，要通过自己的眼神，把内心的激情、学识、品德、情操、审美情趣等传递给听众。眼神变化要与说话内容和自己情绪的变化相协调，要注意眼神运用的多样性，准确地表情达意，给人以胸怀坦荡的感觉。

说话时，不同的眼神给人以不同的印象。眼神清澈坚定，让人感到率直、善良、天真；眼神狡黠奸诈，给人以虚伪、刁奸之感；左顾右盼，显得心慌意乱；翘首仰视，显得凝思高傲；低头俯视，露出胆怯、害羞。眼神会透露人的内心真意和隐秘，眼睛能自如地传递心灵的信息，反映人的喜怒哀乐。人们的思想感情常常通过眼神自然流露出来，而眼神配合口语，就能表达出丰富多彩的思想感情。因为人的眼睛有上百条神经连接大脑，它们是大脑获得信息的重要渠道，同时受到大脑中枢神经的控制。

事实上，无论使用哪种眼神，都是为了表达一定的思想内容和感情，绝不可漫无目的地故弄玄虚。同时在运用眼神时，应当表现出信心和活力，显示出风度。说话者在公开场合说话时需要保持视线的目标在正前方，炯炯有神地面对听众，并且不断地兼顾全场，了解听众的反应。也就是要把目光注视前方与多方位观察巧妙地结合起来，全方位地观察听众。要做到以上要求，就需要学会运用眼神的三种技法。

1. 注视一部分听众

这种方法就是有目的、有针对性地重点注视局部听众。运用这种方法可赞扬和感谢那些专心致志的热心听众；引导和启发那些有疑问和感到困惑的听众；支持和鼓励那些想询问的听众；制止那些影响现场秩序的听众，使其收敛，达到控制会场的目的。

运用这种方法针对性较强，目光含义要明确，但是要适可而止，避免与听众目光长时间直接接触，以免使被注视的听众局促不安，或者使其他听众受冷落。

2. 全方位地注视听众

这种方法是目光有节奏或周期性地环视全场，主要在于掌握整个说话现场动态，照顾全场，统率全局。运用这种方法，可使全场听众产生亲近感。但必须注意，一定要照顾全局，不可忽视任何角落的听众。同时，头部摆动幅度不宜过大，眼珠不可肆意乱转。

3. 远远地注视着听众

这种眼神的方法就是目光似盯未盯地望着听众。运用这种方法可显示出说话者端庄大方的神态，可引导听众进入描述的意境之中，还可烘托气氛。但应注意使用不可频繁，以免给人以傲慢的感觉。

第五节　神态自然，不可矫揉造作

《左传》曰："人心之不同，如其面焉。"表情神色也就是我们常说的面部表情，一个人的内心活动、想说什么，是可以通过神色来表达的。当众说话对说话者面部表情的要求是自然真切，不要表露出太夸张的表情神色，否则就是刻意的表演、让听众生厌的行为。一个人的面部表情十分丰富，许多细微复杂的情感都可以通过面部表情来表达，而且还能辅助口语增强表达效果。说话者要善于观察面部表情的各种细微差别，而且要善于灵活地驾驭自己的面部表情，让面部表情可以更有效地辅助以及强化口语表达。当然，我们运用面部表情时需要真实自然，喜怒哀乐都需要随着说话内容以及思想感情的发展而自然流露。千万不能"逢场作戏"、过分夸张，甚至矫揉造作，否则只会让听众感觉虚伪滑稽。表情神色不能太夸张，并不意味着不能使用表情，若带着一张面无表情的脸就走上讲台，如此冷若冰霜，只会让人感到枯燥压抑。

美国著名教育家卡耐基在谈到罗斯福演讲时，他这样说道："他全身好像一架表现感情的机器，他满脸都是动人的表情，这样使他的演讲更有力、更勇敢、更活跃。"在说话时微笑与平和是脸部表情的核心，脸部表情运用时要适时、适事、适情、适度，切忌呆滞麻木、晦涩不明与矫揉造作。

普通话课上，老师为了让同学们学习"演讲时的自然的神态"，特意找了两个同学发表即兴演讲。

第一个同学是小李，他平时擅长搞笑，总时不时地给同学们带来一些故事或者笑话。现在被老师点名了，小李觉得展现自己才艺的时刻又到了，他绘声绘色地讲了一个笑话，但或许是笑话本身太好笑，也或许是小李自己在做戏，他一边说着一边自己也笑了起来，实在忍不住了，他竟然不顾现场的老师和同学，趴在桌子上大笑起来，而其他同学因为没听清楚小李到底说的什么，面面相觑。

第二个上台演讲的是小张，他是一个相当木讷的男生，平时就不苟言笑，曾经有人讲了一个很搞笑的笑话给他听，他也只是略微牵动了一下嘴角。对于老师的点名，小张有些紧张，他结结巴巴地讲了自己的理想，但整个过程就好像白开水一样平淡，没笑容，没手势，面无表情，就好像他在讲述别人的故事一样。

案例中的两个同学无疑是极端的两个例子，一个表情太夸张，一个表情太木讷。而这两种表现都是需要我们避免的。说话者的面部表情与口语表达要协调一致，如此才能准确地反映自己内心的思想感情，换句话说，面部表情和有声语言的表情达意应该同步进行。当然，为了有效传递信息、交流感情，要尽量避免使用消极的表情，否则对听众产生不良影响，造成离心效应。

在使用面部表情时需要注意以下三个问题。

1. 面带微笑

曾在美国哈佛大学担任校长30年之久的叶洛特博士说："微笑是人际交往成功的催化剂。"微笑是自信的标志、礼貌的象征、涵养的外化、情感的体现。在演讲中微笑象征性格开朗与温和，可以建立融洽气氛，消除听众抵触情绪，可激发感情，缓解矛盾。

2. 切忌使用消极的面部表情

往往一个说话者的面部表情以及神态对听众的情绪有着很大的影响，所以不要使用这样一些消极的面部表情：傲慢的表情，会伤害到听众的自尊心；慌张的表情，会让听众无法信任于你；无所谓的表情，会给听众一种消极的感觉；冷漠的表情，会让听众感到不亲切；卑怯的表情，会让听众低估你的能力。

3. 用表情及神色调节气氛

真切自然的面部表情可以为有效沟通提供一个渠道，所以，千万不要让当众说话带来的紧张压力把你的脸变成一张面无表情的扑克脸。通常面部表情的变化先于说话预报了心情的转换。当你在说到"但更为严重的是……"你可以采用一种更为高明的过渡方法，那就是：用一副忧心忡忡的皱眉蹙额的表情预示之后讲述内容的严重性。

第六节　当众说话时要学习的几类手势

早在两千年前就有一位古罗马的政治家、雄辩家说过："一切心理活动都伴随着指手画脚等动作。双目传神的面部表情尤其丰富，手势恰如人体的一种语言，这种语言甚至连最野蛮的人都能理解。"当众说话，我们经常使用的就是手势语言了。手势是体态语言的主要形式，使用频率最高。寓意深刻、优美得体的手势动作，常常能产生极大的魅力，激发听众的热情，加深听众对说话内容的理解，促成说话的成功。

手势动作只有在与口语表达密切配合时，其所表达出来的意义才是最生动形象的。随着说话的内容、自身情感的变化，说话者会自然而然地做出手部动作。也就是说，手势应该与有声语言、面部表情、身体姿态紧密配合，保持一致，千万不能硬生生地刻意摆弄手势。假如在说话时手势泛滥会让听众眼花缭乱，颇有哗众取宠之嫌。当然，如果你说话完全不使用手势，只是把双手摆在固定的位置，无疑显得呆板、缺乏活力。

赫恩登是林肯的老朋友，他曾说："林肯对听众恳切地说话时，那瘦长的右手自然地充满着强大的力量，一切思想情绪完全融入其中。为了表现欢乐的情绪，他会把两手臂举成50°角，手掌向上，好像已经抓住了那渴望已久的喜悦；而说到痛心的时候，比如在痛斥奴隶制的时候，他便会紧握双拳，在空中用力地挥动。"

林肯所使用的抒情式的手势，是一种抽象感情很强的手势，在说话中使用的频率很高。依据手的不同活动部位，手势动作还可以分为手指动作、手掌动作以及握拳动作。对于这些手势我们需要细心辨认以及掌握，因为它们具有多种复杂的意义。随着部位、幅度、方向、缓急、形状、角度等的不同，手势所表达的思想含义以及感情色彩也会有所不同。在实际说话中，我们不应该拘泥于某种固定的模式，而应依据说话内容的需要，灵活地运用不同的手势。

说话的手势千变万化，没有一个固定的模式。作为一个出色的说话者，平时要认真观察生活，刻苦训练，并且付诸实践。这里列举一些常见的手势：拇指式，竖起大拇指，其余四指自然弯曲，表示强大、肯定、赞美、第一等意思；手切式，五指并拢，手掌挺直，表示果断、坚决、排除之意；手包式，五指相夹相触，指尖向上，用于强调主题和重点，也表示探讨之意；食指式，食指伸出，其余四指弯曲并拢；食指、中指并用式，食指、中指伸直分开，其余三指弯曲，英国前首相丘吉尔就经常使用这样的手势。当然，诸如此类的手势还有很多，这里就不一一列举了。

当众说话，自然而安稳的手势，可以帮助说话者平静地说明问题；急促而有力的手势，可以帮助说话者升华感情；含蓄的手势，可以帮助说话者表达内心的想法。以下是运用手势的四个原则。

1. 表达感情的手势

随着感情的变化，手势也发生明显的变化，也就是上面所说的林肯式的手势。例如，兴奋时拍手称快，恼怒时挥舞拳头，急躁时双手相搓，果断时猛力砍下。

2. 惯用手势

大多数人在说话的时候，都有一些自己独有的惯用手势，手势的含义不固定，随着说话内容的不同而体现不同的含义。比如孙中山先生说话时常常拄着手杖，这也成了他独特的形象。当然，说话手势需自然、协调、精简、富于变化、前后统一。

3.模拟手势

模拟手势的特点是"求神似，不求形似"，因此有一定的夸张色彩。它可以是在说话过程中，提及某件物品而用手势把此物模拟出来，这样的手势信息含量很大，有助于升华语言的表达效果。

4.指示性手势

指示性手势是用来揭示具体真实形象的，分为食指和虚指两大类。实指是说话者的手势所指向的人或事或方向均是在场的人视线所及的；虚指是指说话者所指向的事物是在场的人不能实际看到的。指示手势比较简单，不带感情色彩，比较容易做。

第四章

灵活处理，及时应对当众说话时的窘境

当众说话不仅仅靠嘴，还需要依靠大脑思维。因为只有敏捷的思维才能让说话变得轻松自如、如鱼得水。思维就相当于信息处理器，当我们收到外部的信息之后，经过思维的处理，才能通过说话表达出来。若思维处理能力强，说话自然很有水平。

第一节　话语失误，幽默化解

俗话说："人有失手，马有漏蹄。"在现实生活中，总会出现话语失误的现象，这是不可避免的。虽然其中的原因各不相同，但话语失误所造成的后果却是极为相似的，或贻笑大方，或非议四起，甚至难以挽回。尤其是在当众说话的时候，假如你无心造成了言语失误，那可是相当尴尬的情形，因为有那么多人亲耳听到，你能怎么办呢？说出去的话就犹如覆水难收。当然，有时我们还是可以挽回场面的，这就需要敏捷的思维能力了，也就是看脑子转得快不快了。失言是一种话语表达错误，只要你能及时找到适宜方法来进行补救，就能在某种程度上降低失言带来的严重后果。

有一次地方官向司马昭报告：一个小民把他的母亲杀了。阮籍正好在座，向来放荡不羁的他不假思索便说："杀父亲也就罢了，怎么能杀母亲呢？"此言一出，满座皆惊，认为他"有悖孝道"。阮籍也意识到自己言语的失误，忙解释说："我的意思是说，禽兽才知其母而不知其父。杀父就如同杀禽兽一般，杀母呢？就连禽兽也不如了。"一席话，竟使众人无可辩驳，而阮籍也避免了杀身之祸。

当庭言语失误，这是何等的严重，稍有不慎就会惹来杀身之祸。不过阮籍是何等的机智与聪明，他凭借着敏捷的思维及时补救了自己的言语失误，借题发挥，巧妙而幽默地平息了众人的怒气。在当众说话时，失言后首先要做的就是采取一定的补救措施或矫正之术，缓解言语失误带来的尴尬情形，否则只会被听众厌恶。

有一次，纪晓岚光着膀子与几个人在军机处聊天，正巧乾隆带着随从突然到访，其他人一见皇帝来了，连忙上前接驾，躲在后面的纪晓岚心想："如果自己就这样光着膀子接驾，岂不是犯了亵渎万岁之罪？可能皇帝并没有发现我，还是先躲一下为好。"于是，急忙之下，纪晓岚钻到桌子底下藏了起来，其实这一举动被乾隆看在眼里，他故意装作没看见，在椅子上坐了下来。

纪晓岚在桌子底下缩成一团，大汗淋漓，却不敢出声，过去了很长时间，他没听见乾隆说话的声音，以为他走了，就问身边的同僚："老头子走了没有？"这话被乾隆听见了，他厉声问道："纪晓岚，你见驾不接，我且不怪罪于你，你叫我'老头子'是什么意思？你要一个字、一个字地给我说清楚，否则别怪我无情！"纪晓岚吓得半死，连称："死罪！死罪！"接着，慢慢解释道："万岁不要动怒，奴才所以称您为

'老头子',的确是出于对您的尊敬。先说'老'字,'万寿无疆'称'老',我主是当今有道明君,天下臣民皆呼'万岁',故此称您为'老'。"

乾隆听了点点头,纪晓岚继续说道:"'顶天立地'称为'头',我主是当今伟大人物,是天下万民之首,'首'者,'头'也。故此称您为'头'。至于'子'字嘛,意义更明显。我主乃紫微星下界,紫微星,天之子也,因此天下臣民都称您为天'子'。"乾隆听后笑了,这事就这样过去了。

当着那么多的人对皇帝失言,可是严重的事情,弄不好脑袋就要搬家了。但思维敏捷的纪晓岚异常冷静,慢慢解释,补救自己的失言,在回答皇帝的过程中,他言语诚恳,态度谦逊,语言幽默风趣,以灵敏的应变能力巧妙地化解了话语失误带来的难堪,从而受到了乾隆皇帝的肯定。

在当众说话中,一旦自己言语失误了,即便你尚未找到任何解决的办法,但只要能主动承认自己的失误,并向在场的听众说声"对不起",如此也能赢得听众的喝彩声。反之,有的人言语失误了非但不觉得羞愧,反而说得更起劲儿,这样的人就只能让听众生厌。

那么对于说话过程中的言语失当,具体该如何解决呢?

1. 寻找挽救的办法

言语失误了也可以挽救,你依然能够用语言来进行弥补,当然这其中是需要灵敏的思维以及绝妙的技巧的。只要你懂得随机应变，就能够弥补自己言语失误的过错，比如将错话加在他人头上："这是某些人的观点，我认为正确的说法应该是……"又或者将错就错，干脆重复肯定，然后巧妙地改变错话的含义，将本来的错误说法变成正确的。

2. 诚恳道歉

如果是自己的无心造成了言语上的失误，形成了尴尬的局面，那应该诚恳地向听众道歉，以一份坦率的胸襟来面对自己的失误，以诚恳的态度赢得听众的认可。

第二节　在日常生活中训练自己灵活的思维

说话是动嘴，思维是动脑，这两者之间不光有关系，而且存在着很密切的联系。通常那些思维敏捷的人总是"张嘴就来"，反应速度很快，无论是自己被刁难时，还是需要回答问题时，他们都能快速地组织好语言，可谓巧舌如簧。而那些思维不够敏捷的人，说话时经常短路，反应不敏捷，经常比别人慢半拍；见解不深刻，没有创新的思维，经常是人云亦云；思维狭窄，没有新意，言语没有力度。语言就好像思维的外壳，思维则是语言的基础。当众说话，既需要讲究方法，又需要训练思维，如此才能真正地做到内外兼修，也才能突破当众说话的"瓶颈"，同时让我们的说话水平依托着敏捷的思维而渐入佳境。

一个人口语表达能力的高低取决于其思维能力的强弱，如果想提高自己的口语表达能力，只有先提高自己的思维能力。例如，我们在当众说话时出现的，诸如条理不清、语言干瘪、无话可说等现象，都属于思维的范畴。在生活中，有不少人在公众场合说不好话，明明是经过精心准备的，可一到台上脱离了讲话稿，就说得结结巴巴的，甚至词不达意。这就是思维的敏捷度不够，或者思路不够清晰。和写文章不一样，说话不能停下来多作思考，而是必须一句接着一句，如此就要求说话者思维敏捷，前后连贯，不能吞吞吐吐，更不能逻辑混乱。

里根就任美国总统后，第一次出访加拿大，当时加拿大正举行反美示威游行。一次，里根总统的演说被反美示威游行的人群打断。只见里根总统面带笑容对陪同的加拿大总理特鲁多说："这种事情在美国时常发生，我想这些人一定是特意从美国来到贵国的，他们是想让我有一种宾至如归的感觉。"本来双眉紧锁的特鲁多，立即笑了起来。

有些场景的变化是出人意料的，对于说话者来说，如果思维不敏捷，应对能力不足，就会使自己陷入某种困境。这就需要说话者具备敏捷的思维，善于变换切入角度，灵活地应付和驾驭各种局面以及场景。在上面这个案例中，里根高超的说话艺术体现了其思维的敏捷度，故作曲解、歪解，从而化解了主人的窘迫，同时还体现了自己作为总统的胸襟与气度。

那么采用哪些思维方法才能提高思维的敏捷度呢？首先是辩证思维，也就是正反两方面看问题，一分为二地看问题，这样就可以让你看问题更有高度；其次是分析思维，这可以让你看问题更有广度，不仅看问题比较全面，而且言之有理，因为你把问题分析开了，具体化了，这样就解决了许多无话可说的情况；最后是逆向思维，这可以让你更深层次地看问题。总而言之，思维是说话的重要基石，需要不断地、经常地练习，通过这几种思维方式来练习说话，假以时日，你会成为一位思维敏捷的说话大师。

那么如何训练出当众说话的敏捷思维呢？

1. 掌握相当多的知识

思维敏捷来自丰富的知识结构，你所掌握的知识越多，你说话时思维就越活跃、越敏捷，因为大量的知识让你触类旁通、左右逢源，毫无思维短路的感觉。因此，需要博览群书，不断地扩大自己的知识面，增加自己的知识量，说话之前做好充分的准备，熟悉你所需要表达的内容。

2. 尽量多说

在各种场合都需要尽量多说话，而且是主动地说话，在公司会议上踊跃发言，或者给家里的老人读读报纸也可以，看完了电影或者小说，可以向朋友复述电影、小说的情节内容。这样你的思维就会逐渐敏捷，口齿也会越来越伶俐。

第三节　当众说话时踩到雷区的脱困方法

公开说话需要多用脑子，谨慎言语，话多无益。说话者不要只顾着一时痛快、信口开河，以为听众微笑就是表示对你的肯定，你就没完没了地将一些本来不应该说的话都说了出来，结果触碰了言语上的禁区。对于自己都还没搞清楚的事情，最好不要当众说出来，尤其是那些捕风捉影的话、那些隐秘的话，否则最后遭殃的只能是你自己。不过，在公开场合说话，有时难免会因为说得太兴奋而忘记了避开某些言语禁区，于是一时间嘴巴就好像决了堤的洪水，一个劲儿地说些乱七八糟的话，如此自然会惹得当场某些听众的厌恶，面对如此场景，我们该如何挽救呢？这时最好的办法就是及时想办法挽救，而不是让这个尴尬的局面越来越严重，甚至给自己带来麻烦。

清朝时，一位新上任的县令与其他官员初次去拜见上司，到了那里，他想不出该说什么话。沉默了一会儿，忽然问道："大人尊姓？"这位上司看上去很吃惊，他看了看周围的人，勉强说了姓某。县令低头想了很久，说："大人的姓，百家姓中没有。"上司脸色惊异，说："我是旗人，贵县不知道吗?"县令又站起来,说:"大人在哪一旗?"上司说:"正红旗。"县令说:"正黄旗最好,大人怎么不在正黄旗呢?"上司勃然大怒,问:"贵县是哪一省的人?"县令说:"广西。"上司说:"广东最好,你为什么不在广东?"县令吃了一惊,这才发现上司满脸怒气,赶快走了出去。不久,这位县令便被免职了。

这是一个触碰言语禁区的案例,这位县令不懂得察言观色,口无遮拦,犯了禁忌,最终导致自己也被免职了。如果仔细分析这个案例,就会发现,那个县令除了不懂得察言观色以外,还缺乏一定的思维应变能力,明明知道自己已经触碰了言语的禁区,但还是没能及时想出办法补救,那么他最终的结果也就可想而知了。

几位同事正在办公室里讨论工作中出现的问题,这时经理身边的"红人"小李走过来了,她笑着安排了工作,并针对同事提出的问题一一作了解答。当着同事的面,张丽笑着说:"小李,你太聪明了,你的智商真高,怪不得坐到了助理这样的位置,羡慕啊。"听了这番"客气话",小李有点儿不高兴,笑容僵在脸上,看见小李脸色的急剧变化,张丽觉得自己话说得比较过分了,她连忙说:"其实,经理一直在我们面前夸你头脑灵活,今天一见,果真名不虚传啊!"小李听了,脸色缓和了下来,也没再说什么了,张丽则紧张地吐了吐舌头。

在这里，虽然张丽无心说出了对小李的"嘲讽"之语，也就相当于触碰了对方内心的禁区，但难得的是她及时发现了自己的过错，并及时通过几句话来挽救局面。

那么，假如我们在当众说话时触碰到了言语禁区，该如何化解呢？

1. 正话反说

说话者可以利用情境，正话反说，化解尴尬的场景。正话反说相当于修辞格中的反语，是用相反的词语表达本意，使反语和本意之间形成交叉。

在语言交叉技巧中，反语以语义的相互对立为前提，依靠具体语言环境的正反两种语义的联系，把相反的意义以辅助性手段如语言符号和语调等衬托出来，使听者由字面的含义悟及其反面的本意，从而发出会心的微笑。

2. 利用歧义

你也可以利用特定的场景，造成情境歧义。有时同一个词语就存在着不同的含义，这时候你可以巧妙地运用语言的多义，再加上具体的场景，造成歧义的效果。让听者搞不清楚你到底所要表达的是哪种意思，自然也就不会将那些触碰言语禁区的话放在心里。

第四节　把握重点，当众说话不可乱说一气

说话要注意言之有序，也就是说话内容有主次之分，换句话说就是有条理。当众说话需要有一个总的目标，说话是否达到了预期的目标，就需要看它是否被听众理解、接受。也只有听众理解了、接受了，才能证明你说的话是成功的。反之，如果你的话语不分主次，没有目的性，听众一头雾水，似懂非懂，这就意味着说话失败了。当众说话的特性决定了说话者必须站在听众的角度，按照听众的理解能力和接受能力联系实际、深入浅出，让自己的说话内容展现一个清晰的目标以及重点。即便有时说话者需要含蓄隐晦地表达，说话也必须有条理，不能含糊不清、指代不明，否则会让听众难以理解。

言之有序与一个人的思维能力有重要关系，思维是否清晰，将决定着说话是否有主次。例如，当我们在叙述一件事情的时候，一定要抓住这件事情的重心，有顺序地进行叙述，语言要清晰、明白。千万不能东一句、西一句，让人听了不知道到底在说什么。总而言之，说话有重点，才能突出中心，彰显语言的逻辑性。

明朝初年刑部主事茹太素上言奏事，"陈时务累万言"，皇帝朱元璋听着这篇万字长文，到了六千多字时居然还没有切入正题，龙颜大怒，说茹"虚词失实、巧文乱真，朕甚厌之。

自今有以繁文出入朝廷者，罪之！"

于是便命人将茹太素拉上殿来，痛打了一顿板子。打完板子之后，皇帝夜里命人继续念这篇奏章，直到一万六千多字时，才知道这篇奏章到底要上奏一些什么事情，而且这上奏的五件事中，茹太素的意见有四条可行。于是朱元璋把这些可行的事情交代下去，并对茹及其他臣子说，"许陈实事，不许繁文"，此奏章中只有五百来字是言之有物。随即下令以后写公文都应该吸取这个教训，"革新文风"，违者要治罪。

茹太素上言奏事，为何还被痛打了一顿板子？就是因为他的奏章表意模糊不清，没有主次之分，直到一万六千多字，才知道这篇奏章到底上奏的是什么事情。

当众说话一定要目的明确，这样你才会为了达到预想的目的调整自己的说话内容。如果首先就没弄清楚哪些是重点哪些是次要的，只是在那里东扯西扯，就会让你的表达不明确、不清晰，而听众也就听不出个所以然了。

所以，要想说话有条理、言之有序，就应该注意以下几个问题：

1. 注重语境

当众说话一定要切合语境，就是指你要根据说话的客观现场环境，包括时间、地点、目的以及说话的内容等来开始你的说话，这样才能更准确地表达自己的想法。有的人不管语境，自顾自地说，结果他在台上说了大半天，台下的听众还是不知道他所表达的意思到底是什么。

2.突出重心

当众说话时，应该明确自己说话的目的。坚持话由旨遣的原则，明确目的是说话取得成功的先决条件。只有明确了目的，才知道应准备什么话题和资料，采取哪种语体风格，运用哪些技巧，从而能够有的放矢，临场应变。如果目的不明，不顾场合地信口开河、东拉西扯，听众就会感到不知所云，无所适从。

3.多想才能言之有序

在实际生活中，许多说话者并不是不会说，而在于不会想，想不明白自然也就说不清楚。在当众说话时，如果你需要说一件事或介绍一个人，那么就要认真地想想事情发生的时间、地点以及过程，或者想想人物的外貌、特征，等等。如此有了条理化的思维，才会让自己言之有序。

第五节　以当下热点或者眼前事引入当众说话的主题

当众说话还需要"因地制宜"，也就是能够将眼前的热点问题或就近发生的事情作为话题信手拈来，不刻意、不矫饰，从而达到征服听众的目的。很多人表示在说话时找不到合适的话题，不知道从哪方面说起，其实造成如此现象的关键原因在于缺乏应有的思维能力。一个思维能力较强的人，无论何时何地，无论手中是否有讲话稿，他都能快速找到合适的话题。当然，如果你实在没有特别合适的话题，不妨就从最近发生的事情或者热点问题说起，不过诸如此类的话题需要与主题相关，千万不能想到什么说什么，也不能一味地求新求异去选择一些自己都搞不懂的话题，更不能冒充内行，乱说一通，否则要么无法自圆其说，中途卡壳，要么漏洞百出，贻笑大方。

有一位年轻的老师在她的博客里讲了这样一个故事：

有一次，班上同学小花的一支漂亮钢笔不见了。我虽然教育过同学们不要拿别人的东西，但像这种丢失事件还是时有发生。我没有惊动任何人做了秘密调查，查清了是谁拿的。但我并没有公开批评这个同学，因为公开批评会刺伤他幼小的心灵，损伤他的自尊心，他也不一定乐于接受教育。

当天下午，我在班上开了一个主题班会，主题是：争做诚实的孩子。我首先引导同学们学习了一篇有关诚实的课文，然后让同学们讲述自己知道的有关诚实的故事。接着，我提出了三个问题让同学们讨论，讨论后，我因势利导对同学们进行了教育：诚实、知错就改是中华民族的优良传统美德，希望做了错事的同学能主动承认并改正。"人无完人，孰能无过"，做了错事并不可怕，只要知错能改，仍然是一个好同学。

第二天，讲台上放着小花的钢笔，还有一张纸条，上面写着"老师，我错了"。从这以后，班上小偷小摸行为大大减少，同学们做了错事能主动承认并自觉改正，并养成了互相督促的好习惯，整个班风明显好转。

看过这个故事，相信你也会敬佩这位老师的思维能力。发现班里学生做了错事，老师及时地想到了即将要学习的关于诚实的课文，先引导同学们学习，然后延伸话题，提出了"诚实、知错能改"的中心，如此一来，那位犯了错误的学生又岂能不懂呢？在老师润物无声的教育指导下，那位学生改正了自己错误的行为。由于话题的合适、就近选择，不仅让那位犯错误的同学认识并改正了错误，还让所有的同学受益匪浅。

因地制宜说话还有一个更大的好处，那就是能唤起听众的热情。大多数人对于新近发生的事情或者最近的热点问题都比较关注，也可以说是十分熟悉的。如果你能在说话时巧借热点或眼前发生的事情做话题，那么无疑是完全契合听众心理的。另外，这样创新的话题让听众更容易理解，同时也能体现自己较强的逻辑思维能力。试想，如果有了听众的支持，你还愁自己当众说话不会成功吗？

当然，因地制宜说话还需要注意以下两点。

1. 选择切合中心的话题

每一次当众说话应该有一个既定的中心，也就是你通过这次说话想要表达什么样的主旨。否则只是将最近发生的事情乱说一气，听众会不明白你到底想要说什么。

2. 选择代表性的热点话题

你所选择的热点或者眼前发生的事情需要具有代表性，不能将东家丢了一只猫、西家遭小偷了这样的琐碎事情搬到台面上说，应该选择更具有代表性和说服力的，否则容易贻笑大方。

第六节 思维清晰，说出的每句话都要符合逻辑

当众说话，逻辑一定要严密，有条理，保持思维的清晰度，通过逻辑分析的方式，将自己说话的目的清楚地表达出来。思维形式是我们在思考问题时所使用的概念、判断方法、推理方式。思维规律是我们在使用概念、判断方法、推理方式进行思维活动时必须遵循的规律。这些规律要求我们在进行当众说话时保持说话内容的同一性，不能互相冲突，不能模棱两可，并且需要有充分的依据。这些是说话具有严密逻辑性的要求，必须贯穿在我们说话的每一个环节中。保持清晰的思维，

让自己的每一句话都具有逻辑性，如此更能准确地表达出自己内心的想法。

在一些公开说话的场合，我们经常会看到这样的现象：有的人啰啰唆唆说了大半天的话，下面的听众却如坠云里雾里，正当人们极力想弄明白他到底说的是什么时，说话者却结束了自己的说话，并表示："我很简单地发表了自己的一些看法，希望各位多多指教。"这时下面的听众却议论了起来："说了大半天，还说是简单地表达？""简直是浪费我的时间，说话没逻辑，想到哪里就说到哪里。"为什么说话者会如此令人生厌呢？关键就在于说话没有逻辑，没有归纳出自己所说内容的重点，让人根本搞不懂他在说什么。

那么如何才能增强自己话语的逻辑性呢？

1. 说话有理有据

当众说话需要言之有理、持之有据，当你提出一个观点之后，需要有大量的材料来论证这个观点，让听众听了觉得很有说服力。当然，你所寻找的材料论据，需要是真实的、准确的，一定要经得起实践的检验，如此说话才能做到事真、情真、理真，才能令人信服。

2. 观点明确

当众说话所表达的思想观点必须明确，是什么就是什么，不能模模糊糊、模棱两可。你在说话中要肯定什么，反对什么，这些都需要明确，决不能似是而非。如果你的话语陷入了含糊其辞的境地，就会让听众难以琢磨你到底在说些什么。

3.不随意地变换话题的中心

在一段说话中只能有一个确定的主题思想，这个思想就是贯穿整个说话的中心。作为说话者不能另外选择一个中心，也不能随便变换中心，否则说话中存在多个中心，听众会不知道你在说什么，也不懂得你所表达的思想。随便变换话题的中心，很容易给听众造成错觉，很容易分散听众的注意力。

4.话语前后保持一致

在某些当众说话中，人们最容易犯的就是自相矛盾的错误。比如"我基本上完全同意他的意见"，这句话就是表达有误，"基本上"和"完全"是两个逻辑意义不同的词语，"基本上"意思是大部分但不是全部，那如此理解这句话来就是自相矛盾的，说话者自己也难以自圆其说。

第七节　遭遇听者挑刺或挑衅，如何巧妙化解

在当众说话过程中，有时候我们会遇到听众的挑刺或者故意刁难，这时不可避免地会使自己陷入困境。在这样的情况下，我们该如何扭转乾坤，让那些故意刁难者知难而退呢？其

实，这也需要一定的思维能力，快速地想到扭转局势的办法，否则如果只是站在那里不知所措，只会让场面更加尴尬。当然，这需要一定的方法以及技巧，才能巧妙地化解尴尬，为自己解围。

在公众场合，如果你遭受了听众的顶撞、攻击、讽刺挖苦或者出言不逊时，这时不需要以牙还牙、针锋相对，否则会让局面发展到更加不可收拾的地步。而是需要将对方的讥讽之词当前提，作为铺垫，作为条件，顺势表达出自己内心的看法。

美国曾有个政界要人叫凯升，20世纪40年代他首次在众议院里发表演讲时，打扮得土里土气，因为他刚从西部乡间赶来。

一个善于挖苦讽刺的议员，在他演讲时插嘴说："这个伊利诺斯州来的人，口袋里一定装满了麦子吧？"这句话引起哄堂大笑。

凯升并没有因此怯场，他很坦然地回答说："是的，我不仅口袋里装满了麦子，而且头发里还藏着许多菜籽儿呢。我们住在西部的人，多数是土里土气的。不过我们虽然藏的是麦子和菜籽儿，却能够长出很好的苗来！"

这句话立刻使凯升的大名传遍全国，大家给他一个外号："伊利诺斯州的菜籽儿议员。"这位菜籽儿议员采用的是顺势牵引法。他深知顺势的道理，把对方的冷嘲热讽当作可以利用的"交通工具",顺路搭车,一路顺风地抵达了自己的目的地。

那么,在具体的说话场合中,我们该如何利用思维能力来替自己解围呢?

1. 顺势牵引

我们面对听者的故意刁难时,不要与之针锋相对,也不要给予正面回答,而是巧妙采用这样的顺势牵引方法,顺着对方的话继续说下去,将对方的讽刺挖苦作为自己所用的工具。顺势牵引,然后说出反驳的话来,让自己摆脱困境。

2. 顺水推舟

听众中难免有刁难者,他们会故意提出一些带歧视、轻视、敌视性的问题。对待这些刁难者,说话者不能像对待善意的质疑者那样,而是应该不客气地给予回击。但是这样的回击很讲究技巧性,不能直接回击,而是灵活采用顺水推舟的方法。例如,你会面对一些刁难者的恶意提问,如果你不顺水推舟把问题巧妙地回答了,他就有可能提出更尖锐的问题。

3. 避实就虚

有时候你不需要正面去回答那些故意刁难的问题,你可以避开要害问题,谈论一些无关紧要的话题,这样可以转移人们的注意力。

4.欲扬先抑

有时候,听者会提出一些很刁钻的问题,可能你的回答恰好中了他的圈套,这时你不妨先承认他的观点,然后再巧妙地提出你的观点使他接受。

第五章

练就过硬的心理素质,是当众讲话稳定发挥的前提

肯尼迪说:"思维能力就像是一架装备精良的仪器,它控制着你的语言逻辑。"其实,当众说话是一种精神活动,表达效果的好坏,与说话者的心理素质有着很大的关系。心理素质过硬,不仅说话很轻松,而且还能达到预期的效果。

第一节　练习当众说话，第一步是克服内心的胆怯

造成当众不能有效说话的最大障碍是什么？胆怯，这是大多数人面对听众时首先遇到的障碍。在现实生活中，我们无法避免的事情就是每天与各式各样的人打交道。确实，社交就是展现一个人风采的重要场所，我们可能会与重要人物交谈，在酒会、晚宴、谈判等场合当众表达你的观点。这时因为胆怯，我们总是选择退却，即便是鼓起勇气去了，却因表现失态，把整个场合搞得尴尬。当再次需要当众说话时，就会开始心慌、全身发抖，时间长了，胆怯在一次次窘态中被强化，以至于我们几乎抛弃了所有的自信和勇气。

美国的心理学家曾做过一个有趣的问卷调查，问题是："你最恐惧的是什么？"调查的结果令人大跌眼镜，"死亡"原本如此让人恐惧的事情却排在了第二，而"当众说话"却高居榜首。相对于做其他的事情，有41%的人觉得当众说话是最恐惧的事情，甚至比死亡更可怕。类似的调查也在大学里做过，结果有80%~90%的大学生对当众说话很恐

惧。由此可见，在公众场合说话，感到恐惧和胆怯是一种很普遍的现象。

某一年，纽约举办了一场世界演讲学大会，在这个大会上有许多演讲学的教授需要当众发表自己的论文。当时，有一位教授担心自己的形象得不到大家的认可，他越想越恐惧，结果上台没说几句话就晕倒在地了。本来在这位教授后面一个发言的教授还在不断地练习演讲，一看前面的教授晕倒了，他心里感到一阵恐惧，额头上冒出大量的汗珠，不知不觉地也在台下晕过去了。

在世界演讲学大会上两位教授因胆怯而晕倒，这确实是一件有趣的事情。原来，胆怯是每个人都可能出现的一种心理状态，只是程度不同而已。不仅是我们这样的普通人畏惧当众说话，就连许多所谓的大人物也是如此。因此，明白了这个道理，相信对我们克服内心的胆怯是很有帮助的。

一位实习老师第一次走上讲台，当学生们起立的时候，师生之间互相问候，这位刚刚踏出学校大门的小伙子竟不知道该说些什么，之前准备的开场白忘得一干二净。心慌之余，他红着脸，用颤抖的声音说了句："老师，您好！"学生们面面相觑，继而哄堂大笑，而那位实习老师则是不知所措，低着头站在讲台上。

他努力想让自己镇静下来，但是越是这样，却越是忍不住心虚害怕。当他下意识地掏出手帕想擦掉额头上的汗珠时，课堂再一次沸腾了。小伙子心里纳闷了,后来经过学生们的暗示,他才发现自己手里拿的不是什么手帕,竟然是一只袜子。他更恐惧了,心想可能是昨晚洗脚时无意中将袜子塞进了衣兜里。

整个教室快闹翻了天,他窘得无法自控,只好跑下了讲台,慌乱之中踩空了一脚,差点儿摔得个四脚朝天,幸亏他眼疾手快按住了讲台,才没有摔倒。

这位刚走出校的小伙子无法克服内心的胆怯,因此第一次登台就窘态百出,无疑,胆怯是当众说话的第一关卡。其实,有许多所谓的大人物最初当众说话的表现都不佳,但最终他们都无一例外地成了当众说话的高手。例如,古罗马著名演讲家希斯洛第一次演讲时脸色发白、四肢颤抖;美国的雄辩家查理士初次登台时两个膝盖不停地发抖;印度前总理英迪拉·甘地首次演讲不敢看听众,脸孔朝天。为什么最后他们都出现了如此巨大的变化?唯一的理由就是他们克服了内心的胆怯。

胆怯是当众说话的第一关卡,对此我们应该想方设法克服内心的恐惧,勇敢地跨出当众说话的第一步。那么,如何才能克服这种恐惧呢?

1. 心中有听众,眼里无听众

有一位老师初次登台讲课表现很不错,有人问他秘诀,他说:"我在备课时心中一直想着学生,可上了讲台,我眼中所见,就只有桌椅而已,这样我就不怯场了。"当众说话有一个秘诀叫作"视而不见",也就是在说话前心中有听众,在讲话时眼里不能有听众,而是按照自己的意图去进行语言表达,对下面的听众视而不见,这样会消除你内心的恐惧感和紧张感。

2.抱着"无所谓"的心态

任何一个初次当众说话的人都会有些胆怯,既然避免不了当众说话的环节,为什么还需要为此害怕呢?美国前总统罗斯福说过:"每一个新手,常常都有一种心慌病。"其实,心慌并不是胆小,而是一种过度的精神刺激。任何人都不是天生就在公众场合说话自如的,都有一个艰难的"第一次"。只要你抱着"无所谓",或者"豁出去"的心态,管它三七二十一,这样整个人也就放开了。

第二节 开口前多练习,逐渐提高当众说话的能力

若想熟练掌握当众说话的技巧,并不是一蹴而就的事情,而是需要循序渐进。你不可能第一天还没勇气当众说话,隔了一个晚上你就可以大胆说话了,即便不是这样夸张,短短几天的时间,你也是无法完全掌握的。或许你会认为参加口才培训班就可以在短时间内掌握要领,虽然你能从中学到一些知识,但真正让你当众说话,想必还是会有一些难度的。因此,在练习当众说话的过程中,不仅需要掌握一些关键的技巧,更重要

的还在于平时的练习。而在平时的练习中，需要注重巧练，而不是蛮练。巧练，也就是用巧妙的方法练习，这样会让你在不知不觉中提高当众说话的水平；蛮练，也就是没有任何技巧的练习，如此的方法即便你努力练习了一个晚上，除了你的嗓子嘶哑以外，收获不了任何东西。

说话还需要练习，这听起来似乎有点荒谬。一个人呱呱坠地，他所努力学习的第一件事就是说话、走路。从小就会的东西，还需要继续练习吗？在这里我们所说的说话练习，指的是当众说话。其实，你可以凭着自己的技巧，将当众说话融入生活中，让自己每时每刻都能进行当众说话的练习。

在口才培训班，当导师说到"私下巧练"法时，邀请了班级里进步比较快的同学上台说说自己的经验。

第一个上台的是小李，只见她踏着轻松的步伐走向讲台，这全然不像一个月之前那个胆怯的女孩了。她很坦然地站在讲台上，微笑地看着大家，说道："如果一个月前我站在这里，我肯定会心跳气喘，但现在我镇定了很多。在学习的一个月里，我不仅在课堂上努力，私下里也在练习。我练习的方法主要是和同事们讲讲笑话、拉拉家常，融入同事们的闲聊中。以前同事们扎堆说话，我从来不参与，现在我胆子大了一些，开始表达自己内心的想法，我的话也就多了起来，即便在公司会议上我也可以大胆发表意见了。"

第二个上台的是比较木讷的张先生，他说："其实我的练习方法就是跟家里人聊天，过年过节家里都围聚了很多人，以前在这种场合，我是大气不敢出的，但现在我也不怕了，当着众人的面说话，不管我说得怎么样，他们都在听我说，这让我觉得是一种享受。后来，我的说话水平提升了，不仅敢于说话，而且说得还不错，亲戚纷纷夸我进步大呢。"

在案例中，两位参加口才培训班的代表讲述了自己私下巧练说话的技巧，这对我们也有一定的借鉴意义。看过这个案例你或许会发现，原来自己忽视了那么多练习的机会，当你想要说点什么，或者表达自己的观点时，不知不觉就成为你巧练当众说话的途径之一。如果你能仔细深入地了解说话本身的意义，相信你还能找到更多的巧妙练习的方法。

下面是一些私下巧妙练习当众说话的办法，希望能够对你有所帮助。

1. "扎堆"说话

在办公室，或在公共场合，我们经常看到有的人默默坐在旁边，听别人说话。他们无法融入集体说话的氛围中，其实这时最好能加入其中，扎堆说话。关于他们议论的话题，想必你也有自己的想法，为什么不大胆说出来呢？这就是你练习说话的最佳场所之一。

2. 模拟场景练习

你可以模拟场景练习，到一个大厅或者一间教室，戴着耳机，预演一遍，好像自己真的是面对许多人在讲话，努力让自己变得平静。如此多做练习，等到你真正当众说话时就不会那么恐惧了。

第三节 当众说话的胆量只有在实践中才能获得

想要克服当众说话的心理障碍，如果你问是否有捷径可走，那答案是否定的。没有捷径，只有实践才能练出胆量。当众说话，虽然也关系到许多理论知识，但总而言之，它是一门实践课程，因此需要在实践中得到锻炼，在实践中积累经验，在实践中应用和提高。当然，这所有的一切都取决于你的心理素质。假如你在练习当众说话时，总是想着"面子"，想着"假如我说错了，大家肯定会取笑我""如果根本没有人听我说话怎么办？"等，这些心理顾虑只会打击你刚刚鼓起的勇气，如果你就此放弃了实践机会，那就等于放弃了成功当众说话的机会。

有的人明明当众说话就脸红心跳、全身发抖，但是他们从来没想过在生活中多加练习、实践。在他们看来，当众说话不过是偶尔的事情，用不着费那么大力气来练习。于是，他们通常是临时抱佛脚，在当众说话之前反复提醒自己要大胆、自信，以为这样也就过去了，没想到最后还是因自己的心理原因而搞得整个事情收不了场。在这个世界上，做任何事情都没有捷径可走，你唯一能做的就是不断地练习、实践，只有这样你的心理素质才会越来越好，不仅如此，你的说话水平也会得到较大程度的提升。

公司里出了名的"演讲王"王先生可谓是当众说话的高手，他不仅能滔滔不绝，而且说话十分幽默风趣，如此讲话深得全公司员工的喜欢。

不过，说到两年之前的王先生，连他自己都感慨不已。当时，王先生只要当众说话腿就哆嗦得厉害，口不能言，手不能动，简直比进医院还让他恐惧。以前在公司开会，快到王先生发言的时候，他总是借故走开："哎，你们先说，我去上卫生间。"或者是抱着手机假装打电话，以此逃过一劫。这样长期下来，就连王先生自己都觉得快崩溃了。

于是他辞职换了一份工作，开始做销售。大家都知道，销售靠的就是嘴上功夫，如果不会说话，那肯定是有苦头吃。刚开始的一个月，王先生几乎没什么业绩，因为他不擅长与客户沟通。经理找到王先生，说道："说话是一件简单的事情，每天你都在实践练习，怎么一点儿也没进步呢？这样吧，咱们公司的宣传部需要一个人，你先去当当主持人，把嘴上功夫练好，再来做销售。"就这样，王先生被赶鸭子上架，去宣传部当了一名主持人。

结果，工作还是不见起色，被领导三番五次地训斥，王先生觉得自己不能再这样下去了，不过是说话而已，再跨不过这道门槛，估计这份工作也会丢了。他开始对着镜子练习，之后又拉着公司同事一个个地说话，然后在办公室里当着几个人的面说话，后来渐渐地，能站在舞台上说话了。经过一段时间的练习之后，王先生当众说话一点儿也不紧张了，他重新回到了原来的公司。如今在公司里开会，他已经能够滔滔不绝而又风趣幽默地进行讲话了。

当众说话的"胆"从哪里来？一回生，二回熟，实践出胆量。若你心里总是害怕当众说话，总是担心自己当众出丑，因此连实践、练习的机会都放弃了，那估计你以后也会一直是这样。学过滑冰的人都知道，不经历过摔倒、爬起来，那是不可能学会滑冰的技巧的。当众说话也是一样，如果你总是不开口说话，封闭自己，那无论你对着多少人说话，你还是会紧张。胆量是练出来的，只要你有实践的决心，就一定能练出一身好胆量。

可能有的人不知道具体的实践应该怎么进行，那不妨借鉴以下技巧吧。

1. 加强训练

你可以在平时的生活中，对自己的口才表达能力进行训练。加强训练可以采用如朗诵、自言自语、大胆与陌生人交流、与亲近熟悉的人交谈、多听别人当众说话等。无形之中，你会学会更多当众说话的技巧，而在这个过程中也会让自己的勇气得到提升。

2. 对着镜子练习说话

如果你实在没有勇气当众练习，那不妨先对着镜子说话，自言自语，或是给自己讲故事，观察自己的表情、动作。这样练习一段时间之后，相信你应该有勇气走出家门，与其他人进行语言交流了。

第四节　对自己和他人微笑，能缓解当众说话的紧张感

有人说戴安娜是微笑专家，她用微笑征服了全世界。现在我们应该清楚为什么她会受到全世界男女老少的喜爱，为什么有那么多不认识的人给她献花。这么多年过去了，这个既不是政治家，又不是企业家，当然也不是艺术家的女人却被那么多的人缅怀着。如果你再仔细地观察戴安娜的照片，你会发现她的每一张照片都是在微笑：牙齿露出，嘴角成一道弧线。她的眼睛里充满了笑意，充满了善意，如果说微笑是全世界共同的语言，那么在她这里便得到了进一步的验证。不需要任何人的翻译，不需要开口，所有的人都懂得她在表达什么。其实，微笑不仅是一个人最好的名片，而且可以某种程度上减少我们内心的紧张感。尤其是在当众说话的时候，如果你实在不知道说什么，那么一个微笑，也能够让人们感受到你内心的阳光与

温暖。

美国钢铁大王卡耐基说过:"微笑是一种神奇的电波,它会使别人在不知不觉中认可你。"

在一次盛大的宴会中,一位平日对卡耐基很有意见的商人当众抨击卡耐基,大家都尴尬地看着卡耐基,但卡耐基本人却安静地站在那里,脸上带着微笑,那位商人与卡耐基对视的时候,商人难堪地低下了头。卡耐基的脸上依然挂着笑容,他走上前去亲热地跟那位商人握手。

后来,那位商人成为卡耐基的好朋友。

紧张感能引起思维混乱,甚至大脑短路,一个人之所以会紧张是因为尚未掌握正确的调节心理的方法,这时越是想镇静下来就变得越紧张。而应付紧张感最好的办法就是微笑,放松你的下巴,抬起你的脸颊,张开你的嘴唇,向上翘起你的嘴角,用轻松的语气对自己说"我很好",这样就好像你真的放松了下来。就这样,你内心的紧张感慢慢消失了,随之涌上来的是满足、轻松的心理感受。在如此积极的状态下,你说话自然而然地会发挥出应有的水平。

安安是一个爱笑的女孩子,难堪时微笑,紧张时也微笑,高兴时微笑,难过时也微笑。但就是这样一个喜欢微笑的女孩子,却天生胆子小,说话时声音像蚊子一样小,不了解她的人还以为是害羞,其实她就是这样。

大学毕业的论文答辩会上,安安"不幸"被抽中了,这将意味着她需要在几百人的大厅里当众说话。安安还是第一次遇到这样的场合，这该如何是好呢？安安害怕得快要哭了，论文指导老师知道了这事，安慰安安说："你知道你给人最深的印象是什么吗？"安安不解地摇摇头，老师说："你最大的特点就是微笑，而这正好是缓解你紧张感的秘诀，当你觉得很紧张、很害怕的时候，不妨微笑，不仅对着听众微笑，还要对着自己微笑，告诉自己'放松点'，这样你就真的会放松下来。"安安若有所悟地点点头。

在论文答辩会上，无论是不知道该怎么说的时候，还是紧张的时候，安安始终保持脸上的微笑。正是她的微笑，台下的老师和同学都善意地看着她，不哄笑，也不催促，只是等着她继续说下去。最后，安安成功地完成了答辩。

因为微笑，安安不再紧张；因为微笑，她征服了所有的听众。雨果说："微笑是阳光，它能消除人们脸上的气色。"对于当众说话来说，微笑不仅能够缓解我们内心的紧张感，还会化解观众内心对我们的不解和抵触。微笑既能兵不血刃地征服对手，更能征服我们的听众。那么，我们该如何拥有自然的微笑呢？

1. 对着镜子练习微笑

当你面对镜子练习微笑的时候，你差不多可以看到自己微笑的整体形象，知道自己原来微笑是这样子的。在平时生活中，当你再次微笑时，你脑海中就会浮现这个微笑的样子，这样会增强你对微笑的记忆。

2. 每天多练习微笑

每天应该多对着镜子练习微笑，这是因为微笑是一种肌肉记忆。通常情况下，那些在生活中不喜欢笑的人，并非他们内心悲伤或抑郁，而是他们养成了一种不微笑的习惯，他们脸部的肌肉已经僵硬了。如果你平时练习微笑的次数比较少，就很难养成微笑的习惯。反之，如果你天天对着镜子练习微笑，时间长了，微笑就不知不觉地长期保留在你的脸上了。

第五节 掌握当众说话前放松心理和身体的小技巧

通常人们在紧张时会出现这样一些身体反应：面部僵硬、两腿哆嗦、全身发冷、手心出汗，等等。当然，具体到每一个人身上，反应也是有所不同的。对这样的现象，我们能够想到的就是紧张感带来的身体反应，尽管心理紧张会反映到身体上，促使身体做出一些反应，不过容易被我们忽视的是，身体的紧绷感反过来会加强我们内心的紧张感。这就是为什么有的人在登台讲话时，开始只是不知道把手放在哪里，但后来逐渐发展为大脑一片空白，完全忘记了自己需要讲些什么。因此，在当众说话的时候，需要放松你的身体，因为肌肉紧张导致神经更紧张，从而给你带来某些心理压力。

当一个人的身体放松时，他的注意力就会集中在压力以外的事情上，从而排除现场压力带来的紧张感。身体放松可以给我们带来很多益处：呼吸变缓，血压降低，头痛消失，情绪稳定，思维清晰，记忆力提高，紧张、忧虑感消失。如果你还为此质疑肌肉的放松是否会真的缓解精神的紧张感，那你可以试试那些"心理放松操"，最典型的例子就是瑜伽。当你开始做瑜伽时，相信你听到最多的一句话就是"放松全身，肌肉放松"。慢慢地，当你的全身肌肉都放松下来之后，你会发现心中变得如水般宁静。所以，如果你当众说话很紧张，不妨先放松全身，肌肉的放松会大幅度地减少你内心的紧张感。

一位曾长期受紧张感困扰的女士讲述了自己的经历：

我从小胆子就很小，每次到了公开场合需要讲话或者亮相的时候，我就全身发抖，上下牙齿直打颤，连话都说不明白。有时我会忍不住掐自己的大腿，希望自己能镇定下来，但总不见效，而且会越来越紧张。我一直觉得这是一种病，为此很自卑，当然我也尽量地避免公开说话。但在私底下，我与身边的人关系却很要好，我什么话都跟他们说。

有一次，班里举办诗朗诵，由于我文笔不错，经常在杂志上发表一些诗歌，于是同学们都推荐我参加，我极力推辞，可班主任也执意让我参加。我只好暂时答应下来，可怎么应付过去呢？那几天我一直很紧张，连做梦都梦到自己在台上出尽了洋相，以及同学们那诧异的目光。

我忐忑不安地来到心理咨询室，向医生描述了我的情况。那位心理医生却只是微笑着说："你首先要做到身体上放松才会减轻你内心的紧张感，比如深呼吸，想想你身边是漫无边际的大草原，这样你的身心都将得到放松。"在老师耐心的指导下，我学会了"心理放松操"，每当紧张时就会自然而然地想起来，试着做两遍，身体放松了下来，心里也不再紧张了。当然，那次的朗诵也很成功。

内心的紧张感通过身体上的放松而得到了缓解，这其实是因为身体与心理紧密相关。当我们内心情绪波动的时候，会逐一反映在身体行为上；反之，如果我们身体行为得到了放松，那心理状态自然就变得轻松了。显而易见，这两者的作用是相互的。

那在当众说话时若是心理紧张怎么办呢？我们应该如何通过身体的放松来化解内心的紧张呢？

1. 调节呼吸

呼吸的过程其实是胸腹部发生的各种变化，我们可以通过深呼吸来抚平内心的紧张。当一个人吸气时，胸腹部会微微鼓起；呼气时，胸腹部会微微收缩。你所需要做的就是调节呼吸，让呼吸变得平静，就好像睡觉一样。

2. 释放重量

稍微深一些吐气，让自己身体的重量全部释放在椅子上、墙壁上或者地板上。通过这样的方式会减轻你身体的重量，让你产生一种由于释放重量而产生的轻松感，这自然会减轻你内心的紧张感。

下篇
解析情景，不同场合下的讲话心理学

当众说话，在不同的场合、不同的情景，其具体的方式也会有明显的差异。比如在应酬场合，包括了祝酒词、恭贺祝词等；在职场，包括了面试应答、会议发言等内容。在本篇里，就针对这些具体的情景场合，详细阐述当众说话需要注意的诸多问题。

第六章
职场妙语，剖析人心再说话自有锦绣前程

身在职场，需要进行当众说话的场合有很多。如何让自己说出的话既让别人听起来舒服、轻松、愉快，又能达到自己的目的，这是奠定职场发展基础最需要考虑的问题之一。同时，通过当众说话，还可以与上司、同事建立比较融洽的人际关系。

第一节　与上司说话，如何深得其赏识

职场中许多场合都需要我们公开说话，比如在办公室、会议室，等等，而如何通过在这些场合的说话达到领导赏识的目的呢？在现实生活中，不少员工总是挖空心思想得到领导的肯定，不过始终不见效果。其实，当众说话是亲近上司、赢得上司赏识的好机会，试想，在众目睽睽之下，你当众说了一些有趣的、具有真知灼见的话语，那么所产生的效果就是有目睹的。因为所有的人都在关注你说了什么，说得好不好，若是说得好，那么上司会第一个站出来为你鼓掌，自然而然，你在上司心目中的印象就加深了许多。

在某公司一次会议的中场休息之后，很多人没有准时返回会场，总经理已经准备开始讲话，但看到会场稀稀拉拉没有几个人，不禁面露不悦。随后从会场外面进来的员工看到气氛不大对，都没有作声，而是默默地回到自己的座位上，空气显得十分凝重。

到最后，只有一个中层经理还没有进会场，可是就在总经

理准备批评大家开会不准时的时候。那个中层经理人未到但是声先到："哎呀呀，卫生间的队好长啊。总经理，你怎么雇了这么多女职员啊！"一句话把整个会场的人都逗乐了，总经理也不禁笑了起来。

虽然许多员工都知道总经理不高兴，但在这尴尬的场景，谁敢站出来乱讲话呢？而那位最后进场的中层经理知道自己已经惹得经理不高兴了，于是，通过风趣幽默的语言逗乐了全场，自然而然，总经理心中的不悦情绪也没有了。而通过这样一个在公众场合的讲话，大大地增加了那位中层经理在总经理心中的印象。很多时候，你在某些场面中反应是否机敏，直接关系着自己职场生涯的发展。

这天中午，几个员工在办公室里议论纷纷，小王开口说："我觉得王经理办事越来越不靠谱了，本来我上个月就已经提前说了我的工作情况，希望能帮我换换部门，结果我今天去找他，他却说需要考虑一下，我可是提前说的，当时他也答应得好好的，现在却临时变卦，这真是应了一句话：领导所说的话无疑是一张空头支票。"大家面面相觑，没多说话。

站在旁边的小李回答说："其实也不能这样说，可能王经理最近真的比较忙吧，我倒是一直佩服他的办事能力，从来说一不二，你也知道，最近公司出了那么多事情，估计他是真没时间考虑你的问题，你先放宽心，过阵子再问问就行了。"听了小李的话，小王无奈地说："现在也只能这样了。"

过了一段时间，小李被提拔为办公室主任，而小王每次向王经理提出自己的事情，得到的却总是推托之词。事情怎么会是这样呢？原来，那天两人在办公室的谈话无意中被王经理听到了。

当众称赞领导或者肯定领导的工作能力，即便是领导本身并不在现场，其效果却一样不容小视。因为领导者都希望得到下属的尊重和肯定，当众称赞领导讲话，不仅能有助于拉近与领导的距离，还容易得到领导的认可与赏识。

若要得到领导的赏识，我们当众说话时便需要注意其中的方法与技巧。

1. 多说好话，不说坏话

在职场里的当众说话，需要多说好话，不说坏话。所谓的好话就是肯定或赞美领导的工作能力，支持领导所提出的意见或观点。而坏话就是当着众人的面说领导的不是，尤其是缺点或隐私。

2. 宜委婉说话，不宜直接

在活动或会议上，如果领导无意中说错了一些话，或是做错了一些事情，作为下属只需要委婉地指出即可，千万不要当着众人的面直接指出，这会驳了领导的面子。即使你是出于好心，但领导还是会对你心存芥蒂，更别说赏识你了。

第二节 把握分寸，领导面前说话绝不可张扬

领导在场的某些场合，当众说话更需要掌握分寸，作为下属，应该随时通过话语展现出自己对领导的尊重，尽量保持领导者本身的威信和权威。我们特别强调公众场合，是因为越是人多的地方，越是需要维护领导者的尊严。如果当众说话失去了应有的分寸，比如极力与领导争辩，甚至拍案而起，或者随意跟领导者开玩笑，这可能会让你的职场之路陷入死胡同。

唐朝贞观年间，有一次，魏征在上朝的时候，与唐太宗争得面红耳赤，唐太宗实在听不下去了，想要发作，又怕在大臣面前丢了自己虚心纳谏的好名声，只好勉强忍住。等到退朝以后，唐太宗憋了一肚子气回到内宫，见了妻子长孙皇后，气冲冲地说："总有一天，我要杀死这个乡巴佬！"长孙皇后很少见太宗发这么大的火，问他说："不知道陛下想杀哪一个？"唐太宗回答说："还不是那个魏征！他总是当着大家的面侮辱我，叫我实在忍受不了！"

虽然最后唐太宗在长孙皇后的规劝下，宽容谅解了魏征的直谏。但是，作为下属，应该时刻牢记自己所处的位置。如果真的需要提出不同的意见，我们也应该选择恰当的时机，以幽默的方式提出来，懂得维护上司的自尊心，诙谐而富于策略地提出反对意见，这样上司才会乐于接受。

刘备进入蜀地之后，曾经与益州的刘璋在富乐山相会，

当时正好碰到了刘璋的部下张裕。刘备见张裕满脸胡须,就开玩笑说:"我老家在涿县,姓毛的人特别多,县城周围都住满了毛姓人家,县令感到奇怪,就说'诸毛为何皆绕涿而居呢?'"在这里,刘备巧将"涿"借为"啄",意在取笑张裕那张被一脸黑毛遮住的嘴巴。

不料张裕回敬道:"从前有个人先是任上党郡潞县县长,后来又迁至涿县做县令。有人正好在他上任前回老家探亲时给他写信,于是便在称呼上犯了难,一时不知称他为'潞长',还是'涿令',最后只好称他为'潞涿君'。"在这里,张裕也巧妙借此取笑刘备脸上无毛,立即引得满座哄堂大笑。当时,他们两人不过是开开玩笑,张裕并不在意这件事,但刘备因自己占了下风而一直耿耿于怀。

后来张裕投到刘备麾下,刘备竟找了个借口,要杀张裕。诸葛亮请刘备宣布张裕罪状,刘备说不出什么理由来,竟称:"芳兰当门而生,不得不锄去也。"

在公众场合,张裕对刘备的玩笑进行回敬,当即给了对方一个小小的难堪。原以为这不过是和谐气氛而开的玩笑,孰料刘备心眼比较小,一直因自己占了下风而耿耿于怀,于是张裕就这样因为一句玩笑话而掉了脑袋。

在领导面前的公开说话,我们需要注意以下几个问题:

1. 不要随意开玩笑

我们不可否认玩笑有它的独特作用,如果能够把握得当,它在很多时候都能够起到活跃气氛,缓和现场的紧张感和生疏感的作用。但这样的适度玩笑也是建立在合适的时间、合适的地点、合适的环境以及合适的对象身上,才会产生好的作用。相反,若是在公开场合向领导开玩笑,那会让领导失去了面子以及权威,自然也会给自己带来不利的影响。

2. 不要当众与领导争辩

"不要争辩"被写入了许多权威的行为准则中,无论是做企业,还是用人,都不需要争辩中的对立情绪。任何明智的上司都欢迎不同的意见,但是他们反对将时间无谓地花在争辩上。

当然,"不要争辩"并不是说下属要无条件地接受上司的观点,而是强调下属不要对上司产生对立情绪,尽量以温和的方式来提出自己的意见。

3. 不要当众提意见

如果你觉得领导在工作方面的一些措施不太恰当,不能当众提出来,否则也会让领导失去面子。敢于提出不同的观点是好的,你大可以私底下委婉地向领导提出来,相信领导是乐意接受的。

第三节 说话温和,建立和谐人际关系

在工作中,同事是我们交往、接触最多的人,这就造成

我们很难定位同事的位置，他有可能是朋友，也有可能是竞争对手。于是，与同事之间的关系应是既不过分疏离，也不过分亲密。虽然这样，但不能改变的是同事依然是我们工作中的伙伴、搭档，因此很有必要通过说话与他们建立起一种融洽的交往关系。当众说话在一定程度上会影响同事之间的关系。你喜欢与哪些同事交谈，不喜欢与哪些同事交谈，当众说话可以毫无隐藏地展露出你心中的喜恶。有的人当众说话带着鲜明的情绪特征，对于与自己关系还不错的同事，说话比较温和，经常当众表示自己的关心；而对于那些与自己关系不好的同事，则会当众冷嘲热讽，希望以此给对方打击。其实，无论是面对怎么样的同事，我们都需要温和地对待，正所谓"低头不见抬头见"，既然同处一个办公室，更需要与之建立和谐的人际关系。

事实上，公众场合就相当于一个放大镜，它会逐渐扩大你话语中掺杂的个人情感。比如你当众对某位同事进行安慰或关心，你这样的情感会得到一定的扩大，被安慰或关心的同事觉得很欣慰。反之，若是当众进行冷嘲热讽，那么厌恶的情感同样会被扩大，不仅被讽刺的同事会对你产生负面情绪，其他同事可能也会对你产生不好的印象。所以，当众对同事说话要温和，让同事之间的情谊得到提升。

小李和小王在同一个部门上班，两人的工作能力都很突出，也很受上司的喜爱。最近，公司进行新一轮人事变动，他们所在的部门准备提携一位有能力的员工来担任部门助理。面对这一职位，小李和小王都认为自己能够胜任，于是他们在工作中不禁出现了你追我赶的局面。

有一次，面对领导下达的紧急任务，小李毫不犹豫地接下来。但由于求胜心切，造成对整个业务的认识上有所偏差，导致工作任务失败。小李看着自己的工作报告，心灰意冷，觉得自己完全没有希望竞争那个助理职位了。看着颓废的小李，小王并没有对其进行冷嘲热讽，而是关切地安慰："你就别多想了，兴许我接下这项任务，完成得还不如你呢。我觉得你方法都挺不错的，看来我得向你学习。"小李听了小王的话笑了，之后两人对该工作任务进行了细致的讨论，并且达成了共识。

若想有效地开启同事的内心世界，就应该先了解同事的内心世界。多站在对方角度看问题，设身处地地为同事着想。比如，当同事遭遇了挫折，你可以当众表示你的同情，但是要注意你所表达的感情应是真挚的，不能有一丝一毫的轻视、奚落、嘲讽意味。

那么在实际工作中，我们在当众与同事说话时，需要注意哪些问题呢？

1. 多说温情的话语

当某位同事工作失利或被领导批评时，可以借助温情的话语当众对其进行安慰，例如，"没事，这次只是发生了意外情况，下次一定能做好的。""你的工作能力一向不错，我相信你。""领导可能也是气急了，才会说那么重的话，你可千万别放在心上。"同事若是听了这些话，心里会对你充满感激之情。

2.不说伤害同事自尊的讽刺之语

讽刺意味的话只会让同事备受打击，让他在心底萌发对你的负面情绪。长此以往，你与同事之间的关系只会越来越差，而这对于彼此之间的工作开展是很不利的。

第四节　面试时如何自我介绍才能打动考官

在步入职场最初的一次公开说话，就是应聘工作时的面试环节。而面试必须经过的一个环节就是自我介绍，这是向公司领导展现自己的一个重要手段，自我介绍好不好，直接关系到你给公司领导的第一印象以及以后交往的顺利与否。自我介绍是面试中极其关键的一个环节，由于"首因效应"的影响，这短短的两三分钟的自我介绍在某种程度上决定着自己在各位考官心目中的印象。这样一段讲话将是你所有工作成绩与为人处世的归纳，当然也是你接下来面试的基础，因为考官会依据你自我介绍中的内容对你进行适当的提问。因此，如果你想在面试时给考官留下一个深刻的印象，可以提前练习一下如何做自我介绍。

在面试中,通常会让面试者做一个简单的自我介绍,时间一般在两三分钟。自我介绍是一个展现自我的机会,作为面试者,需要全面把握自己:需要突出自己的优点和特长,有相当的可信度,尤其是具有实际经验的要突出自己具体在哪方面有优势,最好是通过自己做过的项目来证明;需要展示自己的个性,突出鲜明的个人形象,可以利用老师或朋友对你的评价;需要用事实说话,不能太夸张,少用虚词、感叹词。除此之外,自我介绍时需要符合常规、符合逻辑,讲话内容层次分明、重点突出,逐渐展现自己的优势,而不是一上来就罗列自己的优点。

这是一位护士曾经在面试时的自我介绍:

本人于1985年毕业于某省某卫校护理专业,同年7月分配至某大学第一医院工作至今。曾在心血管科、小儿科、普外科和肿瘤科轮转工作过。2002年10月在全院进行的护士长上岗竞选中,以较强的优势竞聘为小儿科护士长。

17年来,本人一直辛勤工作在临床护理第一线,深知广大患者的疾苦和需求,深切体会到护理工作的烦琐及责任重大,也感受到了垂危的生命从死亡线被抢救过来的喜悦。本人年富力强、技术精湛、服务态度热情周到,率先倡导人性化护理的服务理念,特别是在心理护理和健康宣教方面,有着较为丰富的临床经验。本人个性开朗,热情耐心,协作能力较强,有良好的人际关系及语言交流和沟通能力，易于开展病房的管理工作，符合时代对管理人才的要求。

本人的服务宗旨：热情、耐心、关爱、创新，尽我所能满足患者需求。我将用榜样的力量带领全科护士为患者创建一个温馨、安全、优质、高效的就医环境。

这称得上中规中矩的自我介绍，在整个讲话内容中，没有太多的亮点，只是无一例外地介绍了自己过去的经历以及为人处世。这样的自我介绍可能会因为过于规矩，无法给人耳目一新的感觉，易被面试官遗忘。

那么在实际面试中，如何才能让自我介绍打动面试官呢？

1. 清楚地了解自己

在自我介绍之前，我们需要对自己有一个清楚的认识，问自己"你现在是干什么的""你将来要干什么""你过去是干什么的"，你需要从现在到将来再到过去。首先，你需要将自己与别人区分开，强调自己的不同点，这会让你在众多的面试者中脱颖而出；其次，未来的自我设计中，对未来的规划要合理、具体；最后，找到过去经历中与未来的联系点，从这开始谈起，会让面试官有一个更深刻的印象。

2. 投其所好

当你清楚自己的强项之后，需要准备自我介绍的具体内容，包括优点、能力、显著成就、专业知识，等等。虽然优点很多，但你只需要谈一些与工作有关的内容，比如你要应聘销售类的工作,你应该说一些销售方面的能力。

3. 内容的排序

自我介绍内容的排序是很重要的,内容的编排方式决定着你能否抓住面试官的注意力。因此最开始说的应该是最想要面试官记住的事情,而这些事情通常都是你的得意之作,或者列举一些你的相关作品或经验,以此增加你的印象分。

第五节　当众汇报工作有技巧,表露功绩有妙招

在日常工作中,对于下属来说,不可缺少的环节就是向领导汇报工作。有时候汇报工作是当众的,有时则是私下的,在这里我们主要针对的是当众汇报工作的情况。汇报工作主要是为了让领导获得准确有效的资料,以便正确地做出决断。人们经常感叹,某位领导拥有不凡的判断力和决策能力,事实上他的判断正是建立在对客观现实的了解以及对下属工作的掌握上,而这些很多是通过员工汇报工作实现的。员工所汇报的内容大多应是领导所关心的,因为领导的时间是很有限的,不宜事无巨细,统统汇报。

在公司每周例会上,张经理向上级领导汇报工作:

我需要向您汇报几件事情:第一个是公司最近人员变动情况,最近公司人员变动比较频繁,生产车间走了6个人,电工

走了2个，机修工走了3个，行车工走了2个，包装工走了2个，仓储走了2个，财务部的会计小黄最近也有离职倾向。这是公司员工离职的情况。

第二个事是绩效考核的事情，上个月的绩效考核结果已经出来了，汇总表已经做出来了。总体来看，上个月的考核结果不理想，大家打分都没有拉开差距，最多也就差5分。各部门经理在对待考核工作的态度上也有问题，只是把人力资源部下发的表格填满了，却没有真正履行辅导的职责，没有帮助员工进一步认识绩效考核指标的内涵，也没有投入更多的精力帮助员工提升技能。这些问题的存在，会影响公司绩效考核工作的推进，时间久了怕又流于形式了，跟您汇报一下，希望您能抽时间关注一下这个问题。

第三个事情是本月的培训工作，前段时间您安排我找几家培训机构给经理层做培训，我已经找了几家，也列了一些培训科目，请您过目。

领导回答说："看来你们部门最近的工作还是挺忙的，我有几个问题想问你，你说的第一件事情是员工离职问题，我想问你，为什么最近一段时间员工离职率会这样高？"

……

对于张经理的工作汇报情况，领导是这样评价的："他只知道抓具体工作，没有总的工作方向，我说什么，他就做什么，属于拨一拨动一动的那种。每次汇报工作时，我告诉他要给我结果，但他总是跟我陈述事实，始终不能提出有效的解决问题的思路。还有最让我不能忍受的是，每次汇报工作说了一大堆，没有重点，我也搞不清楚他想表达什么。"

如果你回过头来看看张经理汇报工作的内容，你会发现领导的评价是恰当的。

汇报工作是一种经常性、基础性的工作，是向领导反映一个工作阶段或一项具体工作的进展完成情况，使领导全面、准确、客观、真实地掌握下级各单位部门的工作落实情况。因此，汇报工作最重要的是提出解决问题的方案而不是简单地提出问题，而在语言方面也需要注意如下两个问题。

1. 内容要有针对性

在汇报工作时，你需要针对汇报工作的主题和目的展开说话，需要搞清楚领导最重视什么、最想听什么，围绕这个组织语言才能激发领导的兴趣。除此之外，你还需要了解领导的思维特点和语言风格，让你汇报工作的语言与思维更贴近领导。

2. 语言要简洁

当众向领导汇报工作时，时间是极为有限的，因为还可能有别的同事也需要汇报工作。因此你不能太过详细地罗列理论方面的东西，给领导造成听觉疲劳。尽量少用或不用概词、概数，牵涉到具体事项和对象的性质、数量的时候，应尽可能地少用"部分""有的"等不确定性词语。

第六节　语言谦和，以谦逊的态度赢得他人赞许

许多人在工作中总是自信满满地说话，甚至带着骄横跋扈的姿态，唯恐自己的才能埋没在无声无息之中。其实，在职场中公开说话，最忌讳的就是太骄傲，否则你会在毫无察觉的情况下树立很多敌人，更有甚者，你将得不到一个朋友。相反，有的人说话处处谦虚谨慎，以谦逊的姿态赢得了上司和同事的喜欢，这样的人才是职场真正的赢家。

杨修是个文学家，才思敏捷，灵巧机智，后来成为曹操的谋士，官居主簿，替曹操典领文书，办理事务。有一次，曹操造了一所后花园。落成时，曹操去观看，在园中转了一圈，临走时什么话也没有说，只在园门上写了一个"活"字。工匠们不了解其意，就去请教杨修。杨修对工匠们说，门内添活字，乃阔字也，丞相嫌你们把园门造得太宽大了。工匠们恍然大悟，于是重新建造园门。完工后再请曹操验收。曹操大喜，问道："谁领会了我的意思？"左右回答："多亏杨主簿赐教！"曹操虽表面上称好，心底却很忌讳。

后来，曹操出兵汉中进攻刘备，被困在了斜谷界口，想要进兵，又被马超拒守，想收兵回朝，又害怕被蜀兵耻笑，心中犹豫不决，正碰上厨师进鸡汤。曹操见碗中有鸡肋，因而有感于怀。正沉吟间，夏侯惇入帐，禀请夜间口号。曹操随口答道："鸡肋！鸡肋！"夏侯惇传令众官，都称"鸡肋！"行军

主簿杨修见传"鸡肋"二字，便叫随行军士收拾行装，准备归程。

有人报知夏侯惇。夏侯惇大惊，遂请杨修至帐中问道："公何收拾行装？"杨修当众说："从今夜的号令来看，便可以知道魏王不久便要退兵回朝，鸡肋，吃起来没有肉，丢了又可惜。现在，进兵不能胜利，退兵恐人耻笑，在这里没有益处，不如早日回去，明日魏王必然班师还朝。所以先行收拾行装，免得临到走时慌乱。"夏侯惇说："您真是明白魏王的心事啊！"他也开始收拾行装，于是军寨中的诸位将领没有不准备回去的事物的。曹操得知这个情况后，传唤杨修问他，杨修用鸡肋的意义回答。曹操大怒："你怎么敢造谣生事，动乱军心！"便喝令刀斧手将杨修推出去斩了，将他的头颅挂于辕门之外。

杨修为人恃才放旷，数犯上司曹操之忌，杨修之死，植根于他的聪明才智。他本是一个绝顶聪明的人，但其才盖主，这就是犯了曹操的大忌。当曹操无意间说了"鸡肋"，本来曹操就在苦闷，不知道该如何解脱，而杨修却故作聪明，道出了其中的原委，这当然引起了曹操的不满，这就是杨修之死的原因之一。

当众说话太自满，处处表现得高人一等，那几乎是驳了所有人的面子。如果你骄傲的姿态盖过了同事或领导，那么你的职场之路就易陷入泥泞。

在实际工作中,我们如何当众谦虚说话呢?

1. 坦言自己的不足之处

在当众说话时,我们要坦白自己的不足之处,这样会减少其他人对我们的敌意,并获得更多的帮助。比如,在初次见到同事或上司的时候,你可以谦虚地说:"其实这方面的问题我不是很清楚,以后还需要请你们多多指教。"这样一来,就会给大家留下一个谦虚的好印象。

2. 当众拒绝须诚恳

当有同事需要你帮忙做一些琐碎的事情时,如果你很忙,就应该学会当众委婉地拒绝。当然,话语一定要诚恳,比如"不好意思,我真的很忙,手上正好有一个计划需要赶紧写出来,而且今天就要完成。"尊敬的态度,诚恳的语气,相信同事一定会谅解你的。

第七节 当众说话,注意语气方式更得人心

在很多时候,语气常常能够触动听众的内心,影响其心理,而且一个人的语气往往会随着不同的说话对象而变化。另外,语气还可以表达明确的情感信息,通过有关资料显示,语气在表意方面往往会产生言语之外的特殊功效。在职场中的公开说话,我们需要注意自己的语气,因为恰当的语气会大大地

增强语言的表现力，让语言更容易深入人心。

语气包含思想感情、声音形式这两方面的内容，因此我们可以把语气理解为具体思想感情支配下的语句的声音形式。如果说语音是语言的物质外壳，那么语气就是表达所必须依据的支持物。在现实生活中，我们说话都离不开语气，在一句话中，我们不但要注重遣词造句，而且要考虑用怎样的语气表达，这样说话才准确、鲜明、生动，更容易触动对方的内心。

小吴在办公室很受欢迎，原因之一就是她说话比较注重语气。她知道对上司或对同事说话时使用恰当的语气，能让语言表达与内心的思想感情结合起来，这样会让语言容易打动人心。

有一次，同事小王工作出了一点差错，被上司狠狠地批评了一顿。小王回到了办公室，小吴用劝慰的语气说："不要紧的，上司批评你的本意是让你认识错误，并不是让你难堪，只要你重新把这个案子做一遍，相信是没问题的。"听了这样的话，小王的情绪平复了一点。

还有一次，新来的同事做了一个企划案，拿给同事们看，希望能从中得到他们的指点。但同事们看了，无不是摇头："你这样的文案要是交上去，那肯定要被领导退回。"听到同事们这样说，新来的同事都快没有信心了，这时小吴用肯定的语气鼓励道："我觉得你企划案中很多地方还是不错的，真的,这些地方我都没想到呢……"几句话就拉近了与新同事的关系。

作为一个成功的说话者,要善于通过恰当的语气向上司或同事传达自己内心的想法,只有这样才能真正地感动对方,成功地与之建立融洽的人际关系。

通常来说,在公开说话时,我们的语气可以影响听众的情绪和精神状态。当然,只有语气适应于听众,才能同向引发:比如,使用喜悦的语气,常常会引发听众的喜悦之情;使用愤怒的语气,常常会引发听众的愤怒之意。如果语气不适应于听众,就会异向引发。

那么我们在公众场合说话,该如何通过说话的语气来打动对方呢?下面我们列举了三种适用于职场说话的语气。

1. 肯定的语气

同事带着刚完成的工作报告询问建议,希望得到的是赞赏与肯定。"写的是什么东西,我看简直是胡扯。""嗯,不错,比起上次已经进步很多了。"前者语气带着明显的不屑一顾;后者带着真诚的赞赏语气,在这里传达了肯定、赞许的信息,更能触动对方的内心。

2. 商量的语气

"去,给我把那份文件拿过来!""请你帮个忙,帮我把那份文件拿过来好吗?"前者语气传递的信息是冰冷、居高临下的姿态,这会伤害对方自尊心;后者语气所传递的信息是谦逊、平和、平等，更容易获得帮助。

3.鼓励的语气

一个员工在完成工作任务的时候，出了一些差错，同事用斥责的语气说："这事情怎么能这样做呢，我看你简直是胡闹。"另一位同事则用鼓励的语气说："这事情有点不妥，可能你根本没有注意到突发的情况，希望你下次注意。"前者语气带有指责、嘲讽等信息，会让同事心生不快；后者则带着一种期望和鼓励，更容易打动其内心。

第七章

现场主持,抓准言语重点彰显个人魅力

众所周知,一场精美的晚会离不开好的主持人。优秀的主持人,通过自己风趣幽默的语言、流畅的表达和巧妙的串联,会让活动更精彩。反之,一个蹩脚的主持人,则会将一个本来不错的活动搞砸。

第一节　承接性的语言，如何灵巧运用

活动主持人的一项很重要的任务就是负责搭桥连接、过渡照应、承上启下，把整个活动连缀成一个有机的整体。主持人在这个过程中，能够通过自己较强的应变能力、卓越的口才、高超的组织概括水平，有条不紊地完成各项任务。一个活动通常会分为几个环节，每个环节点都需要主持人说话，在这个"点"上所说的话语也就是承接性的语言。对于主持人来说，需要灵活地把握这些承接性的语言，让整个活动连贯进行，否则上下不连接，就会分散活动的各个环节，给听众一种松散的感觉，以至于他们根本无法确定活动的真正主旨。

主持人所用的连接语言具有承上启下的作用，先对前面的发言或活动中最精华的部分予以概括和肯定，画龙点睛，为后面做好铺垫，然后按照后面活动的特点，渲染蓄势，呼之欲出，让听众感到贴切自然，顺理成章。当然，由于活动的类型不一样，语境也不一样，是否采用这样的连接语言，

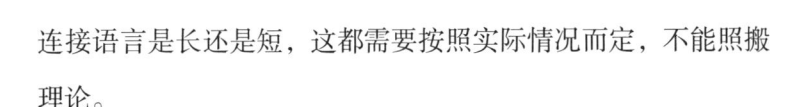

连接语言是长还是短,这都需要按照实际情况而定,不能照搬理论。

那么在实际活动中,我们可以通过什么样的语言来进行巧妙连接呢?

1. 评议

虽然主持人不应该喧宾夺主,大发议论,但可以在恰当的时候,对前面所说的话进行评议,适当地插话,以引申纠偏,耐人寻味。

2. 设疑

不同观点的讨论、碰撞可以让人们的认识更深入,智慧和情感的火花往往在碰撞中显现出来。因此,主持人要善于发现不同的观点,善于巧妙地控制对话的进程,设置疑问,引起听众对之后活动进程的兴趣。

第二节 妙语连珠,不断激发现场气氛

一个活动仅仅是有了精彩的开头和完美的结尾,还算不上成功。活动主持的最精髓的部分还在于中间部分,因为活动最主要的内容是在这里,而且活动的高潮也是在这里。当然,活动在策划之初就相应地设置了一些高潮,但若是缺少了主持人的推波助澜,那么高潮也难以迭起。因此,在现场活动的主持

中，主持人要善于利用自己绝妙的语言，不断地营造热烈的气氛，力求在整个活动过程中，掀起一浪又一浪的高潮。听众最讨厌的就是活动从头到尾平平静静，不咸不淡，若是继续待下去，可能瞌睡虫都出来了。对于听众来说，他们一直在等最精彩的部分，但如果主持人语言欠缺，很多时候听众们一直等到闭幕结束，还是没能感受到最热烈的气氛。

下面是某个婚礼主持人的致辞稿：

红杏枝头春意闹，玉栏桥上伊人来，身披着洁白的婚纱，头上戴着美丽的鲜花，沐浴在幸福甜蜜之中的佳人在庄严的婚礼进行曲中心贴着心、手牵着手，面带着微笑向我们款步走来。朋友们，让我们衷心地为他们祝福，为他们祈祷，为他们欢呼，为他们喝彩——鸣炮奏乐！

各位来宾，各位领导，从简约精练到永恒经典，精彩演绎出人生中最浪漫的一刻！今天是公元2009年5月20日，现在是北京时间12点30分。据擅观天象的权威人士说，此时此刻正是成婚的黄道吉日，是个非常吉祥的时刻，那么今天，我们的张先生和李小姐怀着两颗彼此相爱的心，终于走上了这庄严神圣的婚礼圣殿！

这正是，才子配佳人，织女配牛郎，花好月圆，地久天长！新郎新娘拜天地——

一拜天地之灵气，三生石上有姻缘——一鞠躬！

二拜日月之精华，万物生长全靠她——二鞠躬！

再拜春夏和秋冬，风调雨顺五谷丰——三鞠躬！

水有源，树有根，儿女不忘养育恩，今朝结婚成家业，尊老敬贤白发双亲，接下来是三拜高堂，父母双亲，一鞠躬，感谢养育之恩，再鞠躬，感谢抚养成人，三鞠躬，永远孝敬老人！

一拜父母养我身——一鞠躬！

再拜爹娘教我心——二鞠躬！

尊老爱幼当铭记，和睦黄土变成金——三鞠躬！

在婚礼活动中，高潮通常是在"拜堂"或是男女双方深情对白交换戒指的时刻，因为这两个场面是最感人的，不仅仅让所有在场的宾客感动，而且新郎新娘本身也会格外感动，于是台上台下互相感染，推动婚礼的高潮迭起。

在这个案例中，主持人的语言可谓妙语连珠，"红杏枝头春意闹""玉栏桥上伊人来""才子配佳人，织女配牛郎，花好月圆，地久天长"如此的语言应情应景，感染了在场的每一位宾客，将整个婚礼推向了一个又一个的高潮。

在实际主持活动中，我们该如何妙语连珠地将活动推向高潮呢？

1. 用极富感染力的语言渲染现场气氛

作为主持人，首先应该了解在活动的哪些环节是比较容易设置高潮的，然后按照实际情况的需要，在关键时刻，竭力用极富感染力的语言渲染现场气氛，起到推波助澜的作用，比如

"在那一天，他失去了亲人，悲痛、无奈郁结在心里"，这样的语言需要配合适当的声调和表情，将听众带入语境之中，应情应景，适时推动高潮。

2. 出其不意的语言

在实际活动中，有时候高潮是不容易设置的，有可能你认为讲得比较精彩的部分，听众却不以为然。这时就需要展现主持人较强的应变能力和卓越的口才了，或是在活动进程中灵感发言，或是设置悬念，以此制造契机，调动听众情绪，巧设高潮。

第三节　语言幽默，让听众沉浸在快乐的氛围中

幽默风趣的语言，对于活跃现场气氛、打破沉默局面，调动听众情绪具有很重要的作用。幽默而风趣的主持人主持活动，气氛通常比较活跃、热烈，听众参与的积极性也相对比较高；反之，若是缺乏幽默的主持人主持活动，气氛则通常比较严肃、沉闷，听众的积极性也很差。因此，在主持活动的时候，主持人需要适当插入幽默的语言，增强说话的生动性、趣味性，有效地掌握场面变化。这会让听众在活动中获得放松，促使大家在轻松愉快的氛围中结束活动。

"你太有才了！刚刚说管网建设，你们建设规划局说已

经在规划范围内了,现在提到配套设施建设,你们也早就超前规划好了,工作做得很到位啊!"市政协副主席的一句话逗乐了在场的二十多个人。整个座谈会在他的主持下,气氛非常活跃,诙谐风趣之语频频出现。"我们也要搞'挂牌销案'的哦!小杨同志要好好记录,把责任人和联系电话都写上,开完会欢迎大家继续'追踪'!""我也代表市民来问一下好不好?为什么最近家里一大早放出来的自来水不是有点甜,而是有点黄啊……"

在这个案例中,主持人以自己风趣幽默的语言调动了全场的气氛,有效地控制了全场。足以见得主持人较高的语言功底。有时在活动中经常会出现沉默、冷场、离题、争吵等情况,这时主持人该怎么办呢?

在活动中,如果大家都不愿意起来发言,这时作为主持人应该用幽默的话语引入活动的主题,也可以点名现场的嘉宾带头发言,以此调动听众的积极性,从而打破沉默的局面,比如"老李,我想你应该早就想好了发言的内容,正在那里跃跃欲试呢,我们可等着你的高见呢",几句风趣的话语立即就调节了现场的气氛。

有位老师应邀到北京某大学中文系作家班作学术讲座。在谈到自己喜好的诗作时,准备朗诵一段,可是诗稿放在一个学员的课桌上,老师便走下讲台去拿。教室是阶梯式的,老师上台阶时,一不留神一个趔趄倒在第二级台阶上,学员哄堂大笑。这位老师脸红了，这时与老师一同前来的主持人接过了话筒，指着台阶说："你们看，上一个台阶多么不容易啊，老师这是告诉我们这样一个道理：生活不容易，作诗也不容易。"这位同事的话语顿时赢得了满堂的掌声。

这时他笑了笑，接着说："一次不成功不要紧，再努力！"在他说话的时候，那位老师已经恢复了平静，微笑着走上了讲台，开始自己的讲座。

那位主持人通过风趣幽默的恰当话语，不仅巧言化解了老师的尴尬，还给下面的学员留下了深刻的印象。幽默是一种说话的艺术，需要我们注意在现场主持活动时察言观色，适时幽默几句，这样就能有效地掌控现场变化了。

当然，在主持中运用幽默的言辞，我们应该注意以下三方面的问题。

1. 别牵强

幽默要真正达到效果，最好是自然而然地流露，而不能勉为其难地去逗观众笑。幽默是在广泛的社会经验与深厚的知识素养基础上自然的风度表现，是不能强求的。

2. 看场合

大部分主持活动中，幽默都是可以用的，但有些场合下，比如主持葬礼的时候，则需要拒绝幽默，否则会让人觉得不合时宜。不同的听众所能接受的幽默方式与内容也是不同的，幽默要有针对性。

3. 讲文明

幽默是高雅的，忌用粗俗语言。幽默能够体现风度与修养的，是高雅的语言艺术。如果用一些粗鄙流俗的语言来调动活跃现场的气氛，不但不能取得幽默诙谐的效果，反而会让听众觉得庸俗不堪。

第四节　根据现场内容，定好主持基调

现场主持是讲话者以主持人的身份来进行临场讲话，这种讲话内容主要是根据主持人在活动中所担负的职责而定的，主持的角色主要分为报幕式主持和角色式主持。报幕式主持如主题报告会，主持人的职责是把会议事项和报告人介绍给听众，宣布会议的开始与结束，其作用是贯穿始终，使会议浑然一体；角色式主持如文艺晚会，其职责是担负活动的角色，在活动的开始、中间、结尾都有"戏"，而且其角色不能从整个活动中剥离抽出。当然，主持不同的活动，需要有不同的话语风格，实际上主持话语的风格主要取决于活动的内容。这个活动的主旨是什么，将决定着整个活动的基调。

喜临门，喜洋洋。在此良辰美景，让我们举起酒杯，向新人们表示真诚的祝福。

祝福你们，新郎新娘，祝贺你们的美满结合。从相识、相

恋到喜结良缘，你们经历了人生最美好的时光。你们的爱情是纯洁的、真挚的。千里姻缘，天作之合。在对理想和事业追求中建立的新家，正是你们谱写美妙爱情交响曲的延伸。

祝福你们，新郎新娘，祝贺你们新婚快乐。中国有句俗语："男大当婚，女大当嫁"。两性结合的爱情是人间"天伦之乐"的最大快乐。今年洞房花烛夜，来年生个胖娃娃。愿你们良宵花烛更明亮，新婚更甜蜜。真诚祝愿共浴爱河的俊男靓女，尝遍人生欢愉和甘甜。

祝福你们，新郎新娘，祝福你们爱情之树常青。愿你们相亲相敬，恩恩爱爱，和和睦睦，白头偕老；愿你们尊敬父母，孝心感情永不变，依然是个好儿子、好女儿，还要当个好女婿、好媳妇；愿你们工作、学习和生活，步步称心，年年如意！

衷心祝福沉浸在新婚欢愉中的你们，幸福美满，心想事成！

这是一则婚礼现场的主持讲话，在整个言语中，洋溢着的是无尽的幸福和喜气，连串的祝福语给一对新人带来了美好的祝愿。在这里，语言的风格大多是喜气而活泼，而这样的风格主要是基于婚礼活动本身的内容而言。因为结婚是喜事，现场主持的每一句话、每一个词语自然都需要沾染喜气，才能有效地调动现场气氛，达到主持的目的。

下面是一则悼词：

今天，我们怀着极其沉痛的心情，深切悼念文体局的好干部××同志。

××同志因病医治无效，不幸于2008年4月8日下午4时57分与世长辞，享年78岁。

××同志于1930年1月7日出生在江西省南康县吴家村的一个贫寒家庭。13岁时，就只身一人开始当学徒、为人打工。

……

1957年4月转业到高举县，先后在学校任校长，县教育局任局长等职。1970年至1984年在红旗中学工作，任党支部书记。由于工作出色，责任心强，大胆管理，成效显著，这所学校进入了全省重点中学行列。

离休后，××同志仍然不忘学校的发展与改革，时时关注教育的发展情况，不时为教育事业的发展献计献策，贡献余热，真是"有限生命，无限服务，为国为民，无限忠诚"。

××同志一生，朴实、耿直，他热爱祖国，对待工作勤勤恳恳、兢兢业业、尽职尽责，他的一生是奋斗的一生，战斗的一生，光荣的一生。他的逝世使我们失去了一位好党员、好干部、好同志，也使孩孙们失去了一位好父亲、好爷爷、好外公。让我们化悲痛为力量，努力学习××同志的好思想、好品德、好作风，勤奋工作，不断开创教育工作的新局面。

××同志您安息吧！

您的精神永垂不朽！

这则悼词语言肃穆而庄严,给人沉痛之感。葬礼本身的内容就是沉重的,因此按照这样的内容,现场主持的风格也需要庄严、沉重、肃穆,如此才能应景,从而烘托出现场浓浓的悲伤气氛。

在实际主持活动中,我们必须以活动的内容来决定话语的风格,力求做到应情应景。

1. 话语风格契合活动主旨

现场所举办的是什么活动,婚礼、葬礼,还是晚会,这些都需要你在确定话语风格之前了解。不同的活动有不同的话语风格,主持人所做的就是尽可能地应情应景,这样才能达到调动现场气氛的目的。

2. 注意话语禁忌

在现场主持的时候,作为主持人还需要注意话语的禁忌,也就是哪些话是该说的,哪些话是不该说的。该说的要尽可能多说,不该说的则一句话都不要说,否则说了晦气,听众也会顿生反感。

第五节 评价总结性的语言要恰到好处

如果经常参加一些活动,我们对主持人的结束语应该都耳熟能详了,通常是:"今天的活动圆满结束了,活动办得很好，活动的精神非常重要，尤其是某某的讲话，总结了前段工作，指出了目前存在的问题，对今后的工作作出了部署和安排，同志们散会以后，需要深刻领会，认真研究，抓好贯彻落实，切实把工作做好做实。"这些话就好像公式，千篇一律，听众不爱听，恐怕就连主持人自己都说腻了。作为主持人，在一个活动结束时应该选择新颖的话来作总结，精妙的结束语将会为整个活动带来不一样的色彩。

在活动即将结束的时候，主持人要对活动的有关情况及所取得的成果进行全面、客观的总结，对那些不能确定的或还没解决的问题作出解释。对活动总结得怎么样，是衡量主持人水平高低的重要标准。有的主持人会将活动的有关情况总结得很精练、很概括、很有高度，让听众一听就明白。而有的主持人则不善于总结，不是重复别人说过的话，就是说一些不着边际的话，不够精妙，缺乏深度，这样的活动总结语会让整个活动都黯然失色。

各位来宾，××商务洽谈会，到此就圆满结束了！在此我谨代表某某企业表示感谢，同时也特别感谢某某先生对本次会议的鼎力支持。

××医药协会成立五年多以来，立足于某某生物医药产业基地，始终致力于联络某某地区从事生物医药工作的企业家、专家和科技人员以及企业、大学、研究院所，根据国际生物医药学科发展趋势，围绕国家和地区生物医药产业发展重点目标，积极开展学术、项目、产品、技术、政府企业之间的交流。为某某地区生物医药企业构筑了一个信息互通的平台，促进医药产业的发展。此次会议的圆满召开既是对协会工作的一次肯定，同时，也是我们不断继往开来、开拓创新的动力，我们将加倍努力为企业提供更好更完善的服务。

金秋十月，秋风送爽，秋天是收获的季节，在这浓浓秋意中，我们的会议虽然短暂但非常务实，相信与会的各方企业彼此之间已经建立了联系的纽带、互信的桥梁。在此我们衷心地祝愿双方企业都能以此为契机，找到彼此的合作伙伴，为企业以及医药产业又快又好地发展注入新的能量。

这段话总结了会议的基本情况、进程以及会议的主要收获，通过这次会议协调了哪些思想，提高了哪些认识，等等，最后对未来提出了衷心的祝愿，整个会议也画上了圆满的句号。

在实际活动中，我们该如何总结性发言呢？

1. 用鼓舞人心的话语作总结

在对活动不作全面总结的情况下，用鼓舞人心的话语作总结，对听众提出希望和要求，号召听众为实现某个目标或完成某项工作而努力。

2. 直接叙述

主持人在活动结束时可以简单地概括活动进行了哪些流程，达到了哪些目的，解决了什么问题，加深听众的印象。比如"这次会议传达学习了××文件，研究讨论了××决定，某某领导作了重要讲话……"

3.简要归纳

主持人在简单回顾活动的基础上，对整个活动进行高度的归纳、概括。比如："我们这次会议开得很成功，概括起来有几个特点……或者我们这次会议形成了几个方面的认识……"

第六节　现场主持人讲话有哪些要求

与播音员一样，现场主持人也是语言工作者，主持人通过语言传递信息、传播知识，与听众进行思想情感的交流。因此，为了让信息传播更准确、方便，主持人的语言需要规范、纯正，这是对主持人的基本要求。在现实生活中，有的主持人普通话水平较低、语音不标准、语言不文明、方言泛滥、文理不通、逻辑混乱、语言不规范，等等。这样一些语言方面的问题会直接影响到现场主持水平的优劣。所以，为了有效地促进现场主持活动的进行，主持人不仅需要语言规范、普通话标准，而且要声音圆润、悦耳动听、极富美感，这样可以给听众带来心理上的愉悦感。

这是央视主持人王小丫在"3·15"晚会上的一段话：

大家看出来，这种营销方式还是挺忽悠人的，难怪老人朋友会上当,在这里要告诉大家一个最新的消息,就是北京市药监局最近已经查处了两起以夸张夸大的口吻推销按摩理疗床产品的案件。

说实在的,老年朋友容易对他们产生亲切感也难怪,因为他们太热情,太体贴,不过这只是为了达到自己推销产品的目的。所以在这里要给老年消费者朋友提个醒,凡是自称包治百病的,您一定得慢着点,跟街坊邻居,跟自己的孩子商量点。在这里给孩子个建议,常回家看看,别让老人太孤独。更要提醒有些企业,在营销推销自己产品的时候,真还得实话实说,一是一,二是二,说话得靠谱,别让我们消费者雾里看花,真假难辨。

"3·15"晚会是中央电视台财经频道推出的现场直播国际消费者权益日消费者之友专题晚会,晚会的宗旨是揭穿消费骗局、陷阱和黑幕,维护公平正义。在这段主持话语中,我们可以看出其语言亲切而朴素,准确而鲜明,就好像是邻家妹妹向你讲述在消费时需要注意哪些问题,让听众更容易接受。

(女)今晚,是收获的喜悦让我们相聚在一起;在过去的一年里,集团上下扎实工作、积极进取,克服困难,圆满完成部省合作建设铁路的各项任务,顺利完成全年的工作部署。在这里,我们真诚地说一声:"各位领导、各位同事,你们辛苦了!"

（男）在今天的工作会议上，省国资委领导对集团一年的工作给予了充分的肯定。成绩来之不易，里面凝聚着各级领导的智慧和心血，凝聚着每一位员工的汗水与奉献。我们有理由自豪，让我们携起手来，为集团的未来增添绚丽的一笔；我们有理由举杯，祝愿我们的铁路建设事业，从不凡走向辉煌。

这是在某公司举行的春节晚会上的主持词，主持人总结了过去一年中的工作，以及对未来提出的美好祝愿。语言极富感染力和表现力。一个活动的基调是由活动的性质、内容等诸多因素构成的，它是活动各部分的思想感情的总和。而对于活动主持人来说，则需要运用语言来确定活动的基调，渲染主题，准确地表现出活动"思想感情的总和"。

在现实生活中，对于主持人的语言表达有哪些具体的要求呢？

1.语言要简洁

简洁，也就是不说废话，"丰而不余一言，约而不失一辞"。在现场主持的时候，说话要简明扼要，言简意赅，听众最反感那些废话连篇的主持人。因此，主持人需要培养良好的语言习惯，戒掉自己的口头禅，如"嗯""啊""是吧""对不对"等词语，可以用一句话说清楚的，绝不用两句话，重复内容只需一遍即可。

2.语言要准确

主持人语言的准确性主要包括两个方面：一是普通话准

确，语音纯正；二是语言表达生动而不失规范、活泼而不失严整。在主持言辞多种多样的现代，作为一名合格的主持人，更应该强调主持语言的准确性。

3.语言表达要富有感染力

有的主持人不管主持什么活动都是一个味儿，究其原因在于没能弄清楚活动的基调。活动不同，基调也是大不相同的：有庄重严肃的，有亲切热情的，有轻松活泼的，也有风趣幽默的。主持人需要了解活动的主旨，熟悉活动内容，才能准确使用语言，把握活动基调，真正做到形神兼备。

第七节　开口就要有水平，主导现场气氛

大家都知道，开场白给人的印象是最深刻的，往往能起到先入为主、吸引听众的效果。而精彩的开场白会像磁铁一样，可以紧紧地吸引住听众，增强他们对活动的兴趣。那些有经验的主持人，他们开场的那几句话，多是反复推敲、认真琢磨的。因此，现场主持一定要有精彩的开场白，应该打破千篇一律的格式，如"现在开会，请领导作报告""师生联欢晚会现在开始，第一个节目……"应根据活动的具体情况，或说说会议内容，或讲讲形式，或道道特点，或提提要求，或谈谈"历史上的今天"。总之，要量体裁衣，灵活设

计,最好在诙谐幽默之处,再来点乐趣,使听众能发出来自内心的微笑。

如某校邀请话剧《光绪政变记》中的慈禧太后的扮演者郑毓芝作演讲,主持人是这样开场的:

同学们,今天,我们好不容易把"老佛爷"慈禧太后请来了!老佛爷郑毓芝同志在戏台上盛气凌人,皇帝、太监、大臣见了都诺诺连声,磕头下跪。而在台下,她却和蔼可亲,热情诚恳。她方才和我谈起,还曾扮演过《秦王李世民》中的贵妃娘娘、话剧《孙中山》中的宋庆龄。她是怎样把这些截然不同的人物表演得栩栩如生呢?下面就请她发言。

主持人很幽默地把发言人是谁,她的概况及发言的内容巧妙地介绍了出来。通常情况下,开场白的内容主要包括活动的背景、主题、目的、意义、程序。语言需要简明扼要、条理清楚,语调与主持人的表情都需要与活动气氛协调一致。

(男)尊敬的各位领导、各位来宾、亲爱的同事们,

(合)大家晚上好!

(女)新年的钟声即将敲响,时光的车轮又留下了一道深深的印痕,伴随着冬天里温暖的阳光,2012年新年如约而至;

(男)在这一刻,我们已经感受到春的气息,这是铁路产业发展的春天,更是我们的春天。

(女)春天带来了生机,春天蕴含着希望,我们在春天播

下希望的种子，在春天勾勒出美丽的蓝图。

（男）在春意融融的夜晚，我们围炉夜话，分享一年辛勤劳动的果实，畅想来年更加美好的未来。这个夜晚，将是一个温馨、快乐的夜晚。

（女）今天的晚会，我们准备了动听的歌曲、好玩的游戏，还有丰厚的奖品，相信大家一定能够收获意外的惊喜，让一年的好运伴随左右。

这是一台晚会的开场白，语言简单而不失生动，喜庆而不矫饰，仅仅只用了几句话就调动了全场热烈的气氛，让台下所有的听众对这台晚会充满了期待。

那么怎么样才能开口就博得满堂彩呢？下面我们就简单地介绍三种开场白。

1. 出口成章

主持人可以用富有启示性的、诱导性的语言，引导现场听众融入活动氛围之中，让所有的听众集中注意力。开场白需要尽可能地避开死板的格式，而应出语不凡，让听众不知不觉间进入自己精心设计的"圈套"。

2. 直截了当

在开场白中，主持人可以直接点题，提纲挈领、要言不烦地将活动的内容、主题说清楚，让现场的听众明白这个活动的主旨到底是什么。

3. 借题发挥

在开场白中，主持人可以巧妙借题发挥，或是活动的内容，或是活动的主旨，从而调动全场的情绪，造成适宜活动开展的气氛，让现场的听众亢奋起来。

第八章

应酬交际,当众说话迎合人心令气氛融洽

在生活中,我们会经常面对各种应酬场合,不可避免地会在这些场合说话。实际上,在应酬场合的说话最容易影响人际关系,稍有不慎,就会破坏人与人之间的和谐关系,从而也会导致自己说话失败。那么在这种时候,我们该如何说话才能维持和谐的人际关系呢?

第一节 学会应酬场合当众说话，营建和谐人际关系

在应酬场合的当众说话，不管是表达自己的观点，还是应酬本身的需要，我们所要达到的目标就是让人际关系变得更融洽，从而达到一定的目的。如果你不懂得如何当众说话，如何将话说得滴水不漏，那么在大多数情况下，你是无法达到应酬的目的的，这也意味着你正在进行的应酬活动失败了。如果你能学会在应酬场合当众说话，必然会有助于你建立较为融洽的人际关系。

在应酬场合，不可避免地会发生各种情况。但如果你具备较好的语言表达能力，必然会对你的交际产生重要的影响，有时一句话就可以化干戈为玉帛，也可以让仇人变成朋友，甚至改变人的一生。善于当众说话的人，常常能使那些不容易做成的事情做成，在紧要关头化险为夷，在应酬场合中事事如意，从而赢得与他人宝贵的合作机遇。当然，任何人都不可能是天生的语言大师，因此当众说话的方法与技巧也需要在学习中、

实践中不断提高，只有这样，你才能自如地驾驭语言，潇洒从容地与人交流。

1972年，尼克松总统访华时在答谢宴会上说：

"昨天，我们同几亿电视观众一起，看到了名副其实的世界奇迹之一——中国长城。当我在城墙上漫步时，我想到了为建筑这座城墙而付出的牺牲；我想到它所显示的在悠久的历史上始终保持独立的中国人民的决心；我想到这样一个事实，就是，长城告诉我们，中国有伟大的历史，建筑这个世界奇迹的人民也有伟大的未来。"

面对在座的中国官员，作为美国总统的尼克松热情赞扬了中国人引以为豪的长城，是很容易博得好感的，也淡化了两国政府的原则分歧所造成的阴影。尼克松巧妙地选择了长城这个自然、得体、巧妙的角度，使"拆除我们之间的这座城墙"这个并不轻松的话题显得轻松。

在实际应酬场合，我们需要注意这样几个问题：

1.以和为贵

应酬场合说话的目的是营造良好的氛围，而不是针锋相对。因此，在应酬场合说话首先需要以和为贵，即便对方是一位极其苛刻或刁钻的人，你也需要委婉含蓄地说话，尽量将彼此的争执降到最低限度，以此与之建立和谐的人际关系。

2.适当地"认同"对方

在应酬场合，我们要善于"认同"对方，当一个很挑剔的客户在说话的时候，我们只需要静静地先听他说话，等他说完之后，在认同对方意见的基础上，表达自己的想法见解。这样会让对方感觉到被尊敬、被重视，得到了肯定，对方内心最初的不满、不安都会减轻很多，从而慢慢地接纳我们，这对于建立和谐的人际关系是很有帮助的。

第二节　适度寒暄，炒热现场气氛

应酬场合最需要的是热烈的气氛，如果听众掌声不断、笑声不断，就会增强说话者的激情，使说话者越说越精彩，同时活跃现场气氛，有助于应酬的顺利进行。在现实生活中，有时在应酬场合会出现这样的情景：稀稀拉拉的几个人坐在那里，有一句没一句地闲聊着，嘴里习惯性回应"哦，这样啊""嗯，好的"，平淡无奇的对话，无所谓的态度。这样的应酬过程可以说是相当令人煎熬，更不用说达到什么效果了。相反，你可以想象另外一种场景：即使只是几个人坐在一起，却聊得火热，争先恐后发言，时间转眼就过去了。因此，在应酬场合当众说话应该热情洋溢，营造热烈的气氛，如此才会促成应酬的顺利进行。

热烈而和谐的气氛是极具力量感的，因为在这种气氛下的应酬，让人们不自觉地产生一种说不出的好感与畅快。这就好像我们在看一部很感人的电影时,眼泪会自然而然地流下来一样。所以,那些习惯于在应酬场合当众说话的人,他们首先考虑的是如何将热情传递给听众,如何让当场的气氛变得热烈起来。

下面是一篇在毕业晚会上的讲话:

各位亲爱的学长学姐:

七月,是一个夏荷盛开、万物蓬勃的浪漫季节;七月,对于我们来说,也是一个阳关三迭、依依惜别的季节。而今天,更是一个特别的日子——欢送毕业同学的日子。今天我代表一、二年级的全体同学发言欢送学长学姐。我们的心情既酸楚又高兴。矛盾的心情几乎使我不能表达。

昨日识君,今日却别。想起我们刚入校时你们举行欢迎大会。你们对我们关怀备至,体贴入微。从生活到学习事事关心。从你们身上,我们学到了好多让我们终生受用不尽的美德。深夜你们留在灯光下的身影,让我们知道学问不是随便能掌握的,而是要通过勤奋努力才能获得的。雨天时,你们宁愿自己淋雨,也要把雨具让给我们这些小学弟学妹们,此举让我们明白:人活着不光是为自己。是你们让我们懂得了许多做人的道理。真的很舍不得你们离去。

但是,大鹏展翅才能扶摇九万里,才能击水三千。那么你们又怎能拘泥于此,你们今天带着泪水,带着眷恋,带着对老师、对朋友的惜别之情离去,是为了获得更多的知识而离去，你们的理想是宏伟的，你们描绘的蓝图是壮丽的；你们的美德会助你们获得成功；你们勤奋努力的身影会使你们学富五车、才高八斗；你们助人为乐的精神，将会使你们的友爱之花开遍各地。我们相信，你们的成功，指日可待。因此我们高兴地欢送你们。有你们的榜样作用，我们今后会如你们一样做得出色。

最后，让我们共同祝愿××届毕业生在今后的求学中百尺竿头，更进一步；祝你们今后事事顺心，万事如意；祝我们今天在会的每位朋友间的友谊长存。

从形式上看，这是一则欢送词，它从头到尾涌动着一股浓浓的离别之情、送行之意，动人心扉，表达基调并不是消沉、灰暗，而展现出一种催人奋进的热情。从这几段话语中，我们不难想象出当时讲话者讲话时语调的高低起伏，速度的急促徐缓，声音的饱含深情，音色的刚柔多姿，情感的跌宕起伏。当然，它所唤醒的是所有同学的热情与活力。

那么，如何才能通过说话让现场变得热烈起来呢？

1. 保持热情的状态

说话者在整个说话过程中，应该保持高昂、激情的状态。现场的听众需要你通过说话来调节他们的情绪，虽然那种热烈的气氛是相互影响的，但是你应明白你一直占据主导的位置，所以要尽可能地展开你富有激情的说话状态。

2.学习一些讲话技巧

我们还可以通过一些外在的方法来调动听众的积极性。可以试着每隔几分钟就在讲话中插入一个小故事、提一个问题或者联合使用一些别的方式，你便能吸引听众积极参与，并始终维持现场的热烈气氛。

第三节　应酬场合，真诚说话才能走进他人心里

虽然有时候出入应酬场合，我们会带着无可奈何的心情，但需要记住的是，应酬也是交际，它需要的是真诚的话语。在人际应酬时应真心诚意，心口如一、不虚伪、不狡诈，体现在当众说话中则要求真诚地说话。真诚，是说话成功的第一乐章，把话说得真诚，话才足以动听，也才能够打动人心。白居易曾说："动人心者莫先乎于情。"表露在话语里的至真至诚之心往往能使"快者掀髯，愤者扼腕，悲者掩泣，羡者色飞"。把话说得漂亮，并不在于华丽辞藻的堆砌，而是话语里蕴涵的真意、诚意。说话如果只求表面漂亮，而缺乏了其中的真诚，那么它所开出的只能是无果之花，或许这能欺骗别人的耳朵，却无法欺骗别人的心。

当公司还是一个小工厂的时候，王姐作为公司的领导，总是亲自出门推销产品。而每次碰到砍价比较厉害的对手时，她

总是当着众人的面,真诚地说:"我的工厂只是一家小作坊,这大热天的,工人们在炽热的铁板上加工制作产品,汗流浃背,他们该是多辛苦啊,但是,一想到客户,他们依旧努力工作,制造出了这些产品。为了对得起这些辛苦的工人,我们还是按照正常的利润计算方法,你看如何?"

听了这样真诚的话,客户开怀大笑,说:"许多来找我推销产品的人在讨价还价的时候,总是说出种种不同的理由,但是你说的很不一样,句句都是在情理之中。我也能理解,你和你手下的工人都不容易。好吧,我就按你开出的价格买下来好了。"

王姐的成功,在于对客户真诚的说话态度,她的话语充满了情感,描述了工人工作的辛苦、创业的艰辛。从表面上看,语言本身并无矫饰,异常淳朴,但是,正是语言的真诚、自然,唤起了他人内心深切的同情。正是王姐通过语言表达出来的真诚,换来了对方真诚的合作。

北宋词人晏殊以说话真诚著称,就在晏殊14岁的时候,有一次参加殿试,宋真宗出了一道题。晏殊看到了试题之后,说:"陛下,10天以前我已经做过这个题目了,就请陛下另外再出一个题目吧!"宋真宗见晏殊如此真诚,对他十分信任,并赐予了"同进士出身"。

在晏殊任职期间,他都在家里与朋友们闭门读书,而其他大小官员都出去吃喝玩乐去了。有一次,宋真宗点名要晏殊担任辅佐太子的官职，对此，许多大臣都很疑惑，怎么会选一个地位不太够格的"同进士出身"的人呢？宋真宗说："近来大小官员经常出门吃喝玩乐，唯有晏殊与朋友每天在家读书、写文章，如此自我谨慎，难道不是最合适的人选吗？"晏殊听后笑了，他向宋真宗谢恩，然后解释道："其实我也是一个喜欢游玩的人，但因家里贫穷无法出去，如果我有钱，也早就溜出去玩了。"宋真宗听了，十分赞叹晏殊说话的真诚，对他也就更加信任了。

有人说与上司的交谈也算一种应酬活动，因为通过这样的活动影响着自己事业的前景以及发展情况。当晏殊听到皇帝对自己的赞美时，若是虚伪之人，定会接受这番夸奖，而不会表露自己真实的心迹。但晏殊十分真切地表达了心中所想，这正是其身上品质的可贵之处。

1.真诚之语，方能打动人心

曾经打败过拿破仑的库图佐夫，在给叶卡捷琳娜公主的信中说："您问我靠什么魅力凝聚着社交界如云的朋友，我的回答是'真实、真情和真诚'。"在人际应酬时，我们首先应该想到的是如何把自己的真诚融入语言中，如何把自己的心意传达给他人，因为只有当对方感受到我们的真诚的时候，他才会打开心门，接受我们的看法，而彼此之间才会有继续交流的机会。

2.真诚体现说话的魅力

在人际应酬中，沟通是无可避免的，其中隐藏的问题同样是无可避免的。坦率、真诚是应酬场合的重要元素，同时也是促进沟通渠道畅通的有效保证。在任何应酬场合，真诚都是最受人欢迎的沟通方式。

真诚是沟通的基础，无论对于说话者还是听话者来说，都至关重要。说话的魅力，并不在于说得多么流畅，多么滔滔不绝，而在于是否善于表达真诚。语言的美丽源于真诚，与人交往，贵在真诚。

第四节 应酬场合说话，要小心谨慎

在应酬场合的说话需要小心谨慎，这样才能保证应酬活动的顺利进行。许多人觉得应酬场合的气氛比较轻松，因此不自觉地话就多了，甚至连一些不该说的话都说出口了，结果搞得整个现场很尴尬。说话需要谨慎，当众说话更需要谨慎，因为假如你只是当着一个人的面说错了话，那比较好解释，但若是当众说了一些不该说的话，所造成的影响就十分严重了。虽然我们天天都在练习说话，但善于说话，能当众准确地、清楚地表达自己的意图，且让大家乐于接受，不是一件容易的事情。往往人们所面对的情景是，因为太过大意而当着众人的面说了一些本不应该说的话，结果造成冷场或给自己带来一些麻烦。所以，在应酬场合公开说话时需要给自己把好关，一定要认真考虑这些话是否应该开口。

古代有一个国王，一天晚上做了梦，满嘴的牙都掉了。在与大臣的闲聊中，国王描述了自己所做的梦，并好奇地问道："满口牙怎么全掉了，到底怎么解释呢？"第一个解梦的大臣说："陛下，在你所有的亲属都死去以后，你才能死，一个都不剩。"国王一听，心里非常不高兴。

第二个解梦的大臣说："至高无上的陛下，您将是您所有亲属当中最长寿的一位呀！"同样的内容，同样的事情，两个人有两种不同的说法。第一个大臣让国王很生气，杖他一百棍；然后，国王拿出一百个金币，奖给第二个解梦的人。

上面这个案例中，同样的一件事情，两人表达的同一个意思，为什么一个挨打，一个却受赏呢？分析他们所说的内容，我们就可以明白了。当众说话，往往需要顾及多方面的问题，这就意味着你需要谨慎，不能将话题带到危险的境地。第二个大臣谨慎地将第一个大臣所说的"死"解释为"长寿"，虽然所表达的意思差不多，但由于语言表达的不同，两人的待遇也截然不同。

在酒会上，一个年轻人急匆匆地闯进来，大叫道："谁是张军？"几个正在吃饭的人面面相觑，张军听到有人叫自己的名字，连忙回答："我就是，找我有什么事情吗？"

那个年轻人大大咧咧地说:"哦,你就是张军啊,我早就听说过你了,我是××科技公司的,想跟你谈谈关于合作的问题。"

张军本身是一个公司的经理,刚才听到这位年轻人直呼自己的名字,心里已经有些不悦了,现在听他这样说,就随口说:"合作的事情以后再说吧,我现在正忙着呢。"那位年轻人说道:"你是喝酒吃饭,这也不算正事啊,我们公司对你们公司很有合作的意向,不然我们先谈谈合作的事情?"张军脸色微微一变,语气有些冷漠:"请问是你找我办事还是我找你办事啊?请你先弄清楚这事再来找我吧。"

这个年轻人在应酬场合对一个经理直呼其名,这是言语的失礼之处,可以看出他在说话之前根本没经过考虑,而是想到什么说什么。结果,办事肯定会碰钉子。

当众说话的目的,要么是想给大家传递信息,要么是想改变大家的想法。但在这个过程中,大家是否会接受你的意见,你的说话目的是否可以实现,与你是否说了一些鲁莽的话,或者是避讳的语言密切相关。在生活中,很多人说话从来不动脑筋,只图嘴巴痛快,结果常常是语出惊人,惹来众怒。如果想要自己的话语能够让听众接受,就需要多思量,不要大意,尽量谨慎小心地说话。

那么在应酬场合该如何谨慎说话呢?

1. 不宜直接，宜委婉

不管是拒绝他人，还是表达自己的看法，我们说话都不能太直接，而是需要委婉含蓄，这样自己所说的话语才更容易被人接受。如果有什么问题你就直截了当地说出来，不给任何人情面，那肯定是收不到什么效果的。如果你委婉地表达出来，对方反而更容易接受。

2. 避开隐私、忌讳

隐私就是不可公开或不必公开的某些事情，有可能是缺陷，有可能是秘密。因此，我们当众说话时，需要避开他人的隐私，这既是一种礼貌，也可以很好地保证话语的"安全性"。

在当众说话时，我们需要避开一些忌讳，如关于"死"的避讳语，"棺材""寿材"等；他人的生理缺陷，如"残疾人"；对一些不可公开讲的行为，如"大小便"等，这些忌讳词语都是需要避开的。

第五节 少恭维，要发自内心地赞美

在生活中，每一个人都渴望自己受到别人的赞美，希望自己的价值得到认可，这主要源于其对尊重、被爱、自我实现等的心理需求。而赞美是一种说话的艺术，精准的赞美言辞会使人感到开心和快乐。基于赞美带来的作用，在某些应酬场合，我们也应该将当众赞美他人作为和谐人际关系的有效途径。在所有的赞美方式中，当众赞美是最常用，同时也是最有效的方式之一。因为这是当着众人的面进行的，对被赞美者的优点或长处作出明确的说明、表述以及评价，所产生的作用会被放大。对于那些被赞美的人来说，当众得到他人的赞美与肯定，内心会产生一种满足感和愉悦感，自然会对你产生好感，如此便有利于彼此间建立和谐的交往关系。

卡耐基曾说："当我们想改变别人时，为什么不用赞美来代替责备呢？纵然部属只有一点点进步，我们也应该赞美他。因为，那才能激励别人不断地改进自己。"当众赞美，能够有效地满足对方的自尊心，有了赞美才有了愉悦的心情，才能建立和谐友好的人际关系。我们不仅要学会赞美，更要不吝于赞美，每个人都有闪光点，当我们发现了对方的优点之时，就要大方开口赞美。

在一次酒会上，李娜热情地招呼坐在自己身边的一位陌生女士，但对方反应却相当冷漠。这时李娜发现这位女士总是有意无意地触摸自己的上衣，好像对自己的上衣很是满意，李娜忍不住大声说："您这件上衣好漂亮啊！您的眼光真不错。"坐在旁边的几个人也忍不住转头过来看。"啊？"女士的视线从天花板移开了，移到了自己感兴趣的上衣上面。"这种上衣的款式很少见，是在隔壁的百货大楼买的吗？"李娜满脸热情，笑呵呵地继续问道。

"当然不是,这是从国外买来的。"女士终于开口了,并对自己的回答颇为得意。"原来是这样,我说在国内从来没有看到这样的上衣呢。说真的,您穿这件上衣,确实很吸引人。"李娜十分真诚地说。"您过奖了。"女士有些不好意思了。

在交际应酬中,双方的沟通最忌讳彼此沉默不语,或者一方总是一副爱理不理的样子。那么如何才能打开对方的话匣子呢?最好的方法就是当众赞美对方,这样会使整个说话过程变得愉悦而畅快。

1984年4月27日,美国总统里根在人民大会堂发表了如下的讲话:

谢谢你,周培源博士,谢谢各位尊敬的女士和先生。今天,我很荣幸能够来到这里,成为有史以来第一位在人民大会堂向贵国发表演说的美国总统。

我和我的夫人一直盼望来世界上历史最悠久的文明古国之一的中国访问,同你们伟大的人民见面,一睹贵国历史宝库的风采。北京宽阔的大道使我们赞叹,贵国人民的热情待客,使我们深深感动。我们唯一的遗憾,就是这次访问的时间太短。看来只能像唐代一位诗人所写的那样"走马观花"了。但是中国的《汉书》里还有另外一句话叫"百闻不如一见",南希和我深有同感。

里根一上来就向大会主持人及全体听众表示了深深的谢意,当众对中国人表示高度的赞扬,并体现他对中国古老文化的深厚理解。从礼貌、礼节上讲，这都是十分必要的，通过这番话很快架起了里根总统与听众之间的感情桥梁。

当然，当众赞美对方并不是像说几句好话那样简单，我们在应酬场合当众赞美他人时需要注意以下两个问题。

1. 赞美要具体

在交际应酬中，我们要善于发现对方的细微之处，并不失时机地予以赞美，而赞美越具体才越有效，如果只是泛泛而谈，那么对方只会觉得我们的赞美很虚伪。因此我们在赞美时应做到具体且真诚。

2. 赞美也需要创新

赞美的言辞不能千篇一律，要有新意，一般而言，一些突出个性、有特点的赞美会收到更好的效果。比如，爱因斯坦这样赞美比利时的王后："您演奏得太好了！说真的，您完全可以不要王后这样的职业。"

第六节　人际矛盾与误解，可借助当众说话　　　　　冰释前嫌

或许对于我们来说，参加各种应酬活动最尴尬的事情就是在现场碰到了与自己有前嫌、有过矛盾的人。毕竟，应酬场合的气氛是比较轻松而和谐的，若是遇到了有矛盾的人，是很令

人扫兴的,而且双方之间那种剑拔弩张的紧张气氛会影响到整个活动的顺利进行。在这样的场合下,我们就应该想办法解决问题,化干戈为玉帛,在酒桌上一笑泯恩仇。如此一来,既能够顺利地完成应酬活动,又能够让自己少了一个对手,多了一个朋友。当然,要想达到这样的目的,与对方冰释前嫌,就一定要充分利用应酬场合的当众说话。

公司年会上,小柯特意选择了一个比较偏远的位置,为的就是避开同事大卫,因为他与大卫有着"新仇旧恨"。在去年公司里推荐优秀员工去总公司学习的时候,大卫和小柯同是学员,可就在学习结束时却因为意见不同而产生严重分歧。自此,两人就好像仇人一样,即便在同一个公司也是相对无话,更别说坐在一起吃饭了。这到了年底,公司年终奖的事情又让两个人搞得很尴尬。本来小柯不打算参加年会的,但公司规定员工必须参加,他才硬着头皮来了。

谁料,那大卫迟迟不来,等他到现场之后发现已经没有位置了,就小柯所坐的那一桌剩下一个位置,大卫迟疑了一下,还是走过来了。小柯的脸色很难看,当即准备起身离开,这时大卫笑着说:"今天可是高兴的日子,咱们犯不着这样。"身边的同事也纷纷劝说,小柯坐了下来,但还是沉默着。

酒会开始了,大卫主动端起酒杯向小柯敬酒,当众说道:"来,咱们干一杯,如果之前我有什么地方得罪了你,希望你大人有大量不要跟我计较，我就是一个直性子，话虽然说得不好听，但并没有什么坏心眼。"本来还在赌气的小柯听到如此一番诚挚的话，他有些磨不开颜面，当即端起酒杯说："你这话就寒碜我了，其实我也有一些地方不对，我心眼比较小，哈哈，希望你别介意。"就这样，两人当着同事的面冰释前嫌，不仅如此，后来还成为好朋友。

利用应酬场合的当众说话来化解矛盾，是十分具备有利条件的。首先，既然是当众说话，即便对方心中不想搭理你，但碍于众人的面，他也会适当说上几句，只要双方把心结解开了，矛盾自然就消失了；其次，如果你是诚心地向对方道歉，那么当着众人的面说，就是给了对方很大的面子，因而对方一般会接受的。

那么在实际应酬场合，我们如何说话才能化敌为友呢？

1. 尽量谦逊

不要再追究过去的矛盾，不管过错在于你，还是在于对方。在真正应酬场合里，你根本不需要去考虑那些问题。如果你真的想与对方化敌为友，就要学会稍微放低态度，保持谦逊的姿态，如此一来，对方就不好意思再跟你翻旧账了，自然双方的矛盾就易化解了。

2. 切忌翻旧账

在应酬这样的公众场合，你所需要做的就是诚挚地道歉，千万不要说到过去的矛盾，即便是提到过去的事情，也需要以一种玩笑话的方式去说，以表示当初确实是彼此不太了解才发生了误会。如果你一开始就翻旧账，只会增加矛盾，反而解决不了任何问题。

第九章

展现力度,有"领导范儿"才能在下属心中树立权威

著名领导力研究专家沃伦·本尼斯曾说:"领导者与常人的区别在于,领导者能够把握说话的技巧,清楚明白地表达人类共同的梦想。"纵观古今中外成就卓著的领导者,他们无一不是当众说话的高手,凭借那出色的口才,征服了无数的听众。

第一节　适时说些感人的话，彻底打动下属

心理学家认为，感情是人对客观事物好恶倾向的内在反映。人与人之间建立了良好的感情关系，便能产生亲切感。通常情况下，如果人与人之间有了亲切感，彼此之间的吸引力就会增大，影响力也会逐步放大。对此，作为领导者，在进行语言表达的时候，应适当说一些"煽情"的语言，这样可以让你迅速地缩小与下属之间的心理距离。

一个领导者要想将自己的决策变成下属的自觉行动，仅仅凭着职位权力是不够的，即使领导本身各方面的能力都不错，但在现实工作中，还是会显得力不从心。原因之一是有些领导总是给人难以亲近之感，他们忽视了下属也是渴望得到关怀的。如果领导想使下属对自己心悦诚服，就要发挥情感的作用，诸如将"煽情"的语言说到下属的心坎里。

王女士经营着一家知名的化妆品公司，为了扩大自己公司产品的影响，王女士坚持用自己公司生产的化妆品，同时，她建议公司的员工也使用本公司的化妆品。在她看来，她无法理

解凯迪拉克轿车的推销员开着福特轿车到处游说,人寿保险公司的经理自己不购买保险。不过,她在与员工交流诸如此类的问题上,较好地发挥了"感情"的作用。

有一次,她发现一位女经理正在使用另外一家公司生产的粉底以及唇膏。这时,她借机走到那位经理桌旁,微笑着说:"亲爱的,你在干吗呢?你不会是在公司使用别的公司的产品吧?"王女士的口气十分亲昵轻松,而且主动搭着下属的肩膀,脸上洋溢着微笑。那位女经理的脸红了,急忙放下手中的化妆品,显得很不好意思。

过了几天,王女士送给那位经理一套公司的粉底和唇膏,对她说:"亲爱的,这些都是咱们公司的化妆品,很好用的,特别适合你这样漂亮的女孩子,如果你都不用,那我觉得真的是太可惜了。当然,如果你在使用过程中出现了什么不合适的情况,你可要及时告诉我,我先在这里谢谢你了。"果然,那位女经理以后所使用的都是本公司的化妆品,她时常想起王女士称呼自己是"亲爱的",虽然有点儿煽情,但还是让自己心里暖暖的。

王女士那句"亲爱的",如此煽情的语言表达,拉近了她与员工的心理距离,在这一过程中,她向员工成功地灌输了自己的经营理念。在日常工作中,我们经常听到领导对下属命令"做这个"或"做那个",或者是"不要做这个,不要做那个",如此缺乏亲和力的语言表达,使得他们与下属的距离越来越远。

领导者完全可以换一种语言表达方式，常常和下属说一点儿"煽情"的语言，例如"约翰，我觉得你今天表现得太棒了！""咱们公司若是缺少了你，肯定是巨大的损失。""听说你家里出了很大的事情，到底怎么样了？能给我说说吗？"向下属展现你感性的一面，自然而然地，你与下属的距离也就拉近了。

当然作为领导者，还是需要拿捏好说话的度，千万不能让"煽情"的话变了味。

1. 正确理解"煽情"的语言

所谓"煽情"是指语言十分丰满，行为十分感性。这并不意味着领导者需要故意矫情或虚情假意地说话，而是要表露出感情中最真挚的部分，以此打动下属。比如对下属适当地赞美或肯定，以及询问关心下属工作以外的情况。

2. "煽情"的语言须适当

作为一个领导者，很有必要对下属说一些"煽情"的语言，比如夸奖下属的工作能力优秀，但这必须是适当的，而不是经常将"煽情"的话挂在嘴边。如果领导者整天嘴里所说的都是"煽情"的话，就会让下属质疑你的口才能力。

第二节 平易近人，领导当众说话不要"摆架子"

在现实工作中，有些领导干部喜欢"摆架子"，尽管出口成章，群众听起来却是一头雾水、不明所以，下面的人真正执行起来更是一片茫然、无的放矢。对于许多领导来说，讲台是个神奇的地方，如果没有摆正角色就走上台去，会与台下听众产生距离感，就会给人以高高在上的感觉，就会有发号施令、给人授课的欲望。有的领导自我感觉良好，说起话来嗓门不高但调子高，官位不大但架子大。面对台下的听众，不管说什么问题，都能把自己的那一套大道理搬出来，总是老生常谈；有的领导还成篇地引用报纸、杂志的观点和事例，却与听众和本单位需要解决的实际问题不沾边。其实，打官腔、说套话只会让领导离下属越来越远，不妨放下领导架子，适当展现出自己和蔼可亲的一面。

在工作中，如果领导说话和蔼可亲、平易近人，语言表达中时刻体现出对下属的关心，那么其与下属的关系会越来越融洽，与此相应地，领导的影响力就会越来越大。相反，如果领导说话太"领导范儿"，缺乏一定的亲和力，就会使他与下属的关系紧张，这样势必造成彼此之间的心理距离，进而逐渐形成一种心理对抗力，一旦超过了某种限度，会使得上下级的关系变得越来越恶劣。

在一个招聘厂长的现场，竞聘者讲述自己的治厂方案，下面的代表则进行提问。其中，一位女干部是以亲和力获得胜利的。

代表问："你是个外行，靠什么治厂，怎样调动大家的积极性呢？"女干部微笑着回答："论管理企业我并不认为自己是外行，何况我们厂还有那么多懂管理的干部和技术高明的老工人，有那么多朝气蓬勃、勇于上进的年轻人。我上任后，把老师傅请回来，把年轻人的工作、学习和生活安排好，让每个人都干得起劲儿，玩得舒畅，把工厂当成自己的家。"

代表继续发问："如果咱们厂不是很景气，去年一年没发奖金，我要求调走，你上任后能让我走吗？"女干部回答说："你要求调走，是因为工厂办得不好，如果把工厂办好了，我相信你就不走了。如果你选我当厂长，我先请你留下看半年有无起色再说。"话音刚落，现场就响起了一片掌声。

又一位代表问道："现在正议论机构和人员精简，你认为应该减多少人？"女干部爽快地回答："调整干部结构是大势所趋，但现在科室的干部显得人多，原因是事少，如果事情多了，人手就不够了。我来以后，第一目的不是减人，而是扩大业务、发展事业。"这时，一位女工提出了自己苦恼的问题："我是一名女工，现在怀孕7个多月了，还让我在车间里站着干活儿，你认为合理吗？"女干部回答说："我也是女人，也怀孕生过孩子，知道哪个合理，哪个不合理，合理的要坚持，不合理的一定要改正。"

听了女干部的回答，下面的女工开始活跃了起来，她们激动地说："我们厂大多是女工，正需要一位体贴、关心我们疾苦的厂长啊！"最后，那位女干部成功地以自己的亲和力赢得了最后的胜利。

不过，领导者需要记住，和蔼可亲并不是巴结和献媚，而是一种心与心的平等与互惠。

那么在现实工作中，领导者该如何展现自己的亲和力呢？

1. 不要"领导范儿"

我们可能会听到这样的议论："我们单位的领导，官虽然只有芝麻那么大，架子倒是摆得不小。""那领导说起话来怎么老是那样子，拿腔拿调，真让人受不了。"对于那些说话爱耍"领导范儿"的领导，下属是有些反感的。所谓的"领导范儿"，就是打官腔，拿官架子压人，而这些习惯都是需要领导者纠正的。

2. 适当放低领导者的姿态

人与人之间的地位是平等的，不要认为自己站在领导的位置就高人一等。无论与谁说话，都需要平易近人，适当放低说话的姿态。在现实工作中，在与下属说话的时候，领导者不妨主动表示亲和或适当放低姿态，满足下属的自尊心理需求，这样更容易被下属接受。

第三节　指派任务，条理清晰让下属更易理解

分配工作，是领导者的日常工作之一，这时领导者说话水平的高低就体现在能否表达清晰有条理。有的领导者面对着办公室里的几个人，啰唆了半天却说不出个所以然来。工作分配结束之后，下属面面相觑"刚才领导让我干什么来着？""领导怎么安排了我做这个，又让我做那个呢"……结果，即便是当着面部署的工作，仍漏洞百出，让下属们找不到方向。其实，造成这些现象的缘由主要是领导者语言表达模糊，不够清楚，缺乏一定的逻辑性。因此，领导当众分配工作需要针对实际问题，将具体情况说清楚，并具有很强的操作性，这样下面的人听了才会完全意会。

在现实工作中，有的领导有"表述散漫"的问题。他们在表述某些事情、道理时把握不住中心，东拉西扯，越说越远，甚至到最后连自己都不知道最初的话题是什么了。而产生这种现象的根源就在于领导者的思维机制的主控能力不强，表述中思维活动的主方向没有紧扣话题向前延伸，于是在实际口语交流中就很容易被一些非主题因素左右和干扰。如果领导者表述比较散漫，就要注意改正，这样才能更清楚地向下级传达工作旨意。

这天中午，销售组收到了开会通知。大家一听到开会，头都大了，组长老王平时最大的爱好就是开会、安排工作，但这

恰恰是他的弱项。老王是一个说话特别散漫的人，有时明明是拿着拟好的草稿安排工作，他也是东一句西一句，让几个成员根本不清楚自己具体应该干什么。

正在大家议论纷纷的时候，老王来了，说："现在我对大家近期的工作作一个安排。"接着，他那啰唆的说话方式又开始了："最近，经理觉得咱们销售这一块做得很好，我们现在主要抓的就是销售业绩，其实我觉得客户那边也很重要。接下来的工作安排是这样的，小周主要负责客户那一块，但平时也需要多关注销售业绩，你看，上个月的业绩就不好，我还真不知道你们是怎么搞的……小李跟小周一起，你的工作也是客户，但有时间也需要关注具体的销售量，小唐主要抓销售业绩……"

老王话说完了，但几个组员很茫然，这到底是负责客户呢，还是销售业绩呢？于是，就在老王返回办公室不到一分钟，所有的组员都拥了进去："组长，我的工作到底是什么？能再说一遍吗？"

如果每个领导都像老王这样安排工作，那么估计等到天黑，大家都没法得到一个明确的答案。出现这样的情况，一方面是由于老王的思维不够清晰，因为思想决定语言，自然口语表达也就不够清楚了；另一方面是因为表述没有条理性，乱成一团，分不出主次内容。

另外，有的领导者在说话的时候，总是主观性地画蛇添足、添枝加叶，最后使得听众不知所云。这就是赘语过多造成的，赘语不仅占据了表述时间，而且干扰了信息交流，直接影响了说话的效果。

那么如何才能改善表述散漫、没有条理的情况呢？

1. 增强自己的语言组织能力

表述不够清晰，大多是语言组织能力较差，才会从这里扯到那里，造成表述混乱的情况。而要想加强自己的语言组织能力，就需要多思考，多读一些理性分析的书，让自己的思维更清晰，观点更鲜明。

作为领导者，如果你不能当众组织自己的语言，不妨先将关于工作分配的内容写在纸上，这样可以避免自己找不到话说时颠三倒四。

2. 分点叙述

如果领导者在给下属分配工作时说话缺乏条理性，那么不妨将当众说话的内容分点叙述，采用"第一、第二、第三"这样的方式，如此一来，既减少了语言表达的混乱性，同时让下属一目了然，很轻松就能明确自己的具体工作。

第四节　说话不可"假大空"，有事实基础才有可信度

现在很多领导讲话，一开口就是原则性很强的话，并且套

话、官话、空话连篇，年年可用，人人可讲，于是就成了"万能膏"，又怎么会受到听众的欢迎呢？有的领导可能觉得说空话省心省力，而且不会出错，于是他们逢会就说。这样的套话空话，听众不爱听，虽然他们不能控制领导的嘴，但是可以控制自己的耳朵，可以选择不听。

例如下面这段讲话：

要提高认识，充分领会×××工作的重要性和必要性。目前，×××工作已经开创了很好的局面，获得了很大的成绩，这是有目共睹的。但是，还是要从深度和广度上更加推进×××工作。我看，最重要的一点是：提高认识！各级组织要加强关于×××工作的宣传力度，形成上下齐抓共管的局面，只有这样，×××工作才能更上一层楼。

说这样的空话，还不如不说，说了反而会让听众厌烦。领导在说话的时候，要做到实事求是，就需要准确运用语言，准确说明问题，准确掌握知识。这样，才能一针见血地发现问题，并阐述问题，做到"言之有物，实为心声"。

一个领导代表的不仅仅是自身，更是代表了其所在的团队或群体的形象。所以，领导在公共场合说话，应该追求实事求是，而不是说一些不靠谱的话，否则不但使下面的听众感到厌烦，也会使其自身和团体的威信和形象大受损失。

领导说话实事求是，说容易也容易，说难也难。说它容易，是因为客观事物摆在这里，只要不是有意歪曲它，照实去说，应该不难。但是很多领导由于自身的主观原因，常常在说话的时候乱说一气，不以客观存在的事实为基础，就会显得说出的话不靠谱。于是说者滔滔不绝，费尽口舌；听者怏怏，苦不堪言。

那么领导在实际说话中，如何才能避免说空话呢？

1. 准确运用知识

有时候，相似的词语、类似的典故，在说话中使用时容易发生误差。领导应该准确掌握自己所应用的知识，不要张冠李戴、南辕北辙，在什么样的场合、面对什么样的对象、针对什么问题、该用什么样的知识来讲，都要准确掌握。不能信手拈来，不符合实际，不符合事实，否则只会贻笑大方。

2. 准确运用语言

听者主要依赖听觉接受信息，所以，要让听者听清楚、听明白，语言就要恰当、通俗易懂。领导不要自以为是地追求一些华丽的辞藻，说一些生僻怪异、晦涩难懂的词语和术语。

领导说话语言要表达清楚，不要模棱两可，不要用那些说起来拗口、听起来别扭的语句。另外，尽量使用短句子，有的句子太长，就会让人听不清，容易让人产生误解。

3. 准确阐述问题

许多领导的惯用语是：对下级讲话，"我强调几点"；对同级讲话，"我补充几点"；对上级讲话，"我有几点体会"。结果，他在那里说了半天，也没有准确说出问题所在，既浪费了时间,又没有达到说话的目的。

第五节 说话时气宇轩昂,展现领导风范

作为一名领导者,应该清楚地意识到,要想实现自己强而有力的领导力,则需要在当众说话时显示出自己的风度。通常领导者在当众说话时,仪态是给员工、给上级的第一印象,而第一印象往往会持久保留在人们的脑海中。一位风度翩翩、形象气质俱佳的领导,往往能带给人赏心悦目的感觉,并且能直接激发下属工作的热情;相反,一个缺乏风度、形象不佳的领导,会给人留下不好的印象,甚至使对方在心理上对其领导力产生种种疑虑。当然,仅仅用外在的仪态来显示自己的风度还远远不够,更需要通过说话内容显示出其内涵和风度。风度不仅仅是外在的表现,更是一种内在气质的升华。

有风度的领导,无须言语,只要静静地站或坐在那儿,便能给人留下极为深刻的印象。风度是一个人知识广博、富有经验的外在表现,如果你满腹经纶,在讲话的时候能够随意引经据典,上说天文,下说地理,那么也可以展现你良好的内涵和风度。

1919年1月28日"巴黎和会"上,日方代表牧野伸显坚持要求继承战败国德国在我国山东的利益,面对气焰嚣张的日方

代表，中方代表顾维钧强忍心头怒火，冷静地说："西方有一位圣人，名叫耶稣。他被处绞刑的耶路撒冷成为基督教的圣地，不可侵犯，大家说对不对。"众人回答"对"。"我们东方也有一位圣人，他叫孔子，日本人也承认他是圣人，你说对不对？"牧野伸显只得说"对"。顾维钧接着说："山东是孔子的故乡，也是我们中国人的圣地，不容侵犯。"

中方代表顾维均面对气焰嚣张的日方代表，并没有因为愤怒而丧失风度，而是强忍着心头怒火，冷静、气宇轩昂地作出回击。他掷地有声的话维护了祖国的尊严，也被美国总统威尔逊称为中国的"青年外交家"。我们可以说，领导讲话的风度是其综合素质的全面体现。

那么在实际说话中，领导者该如何显示自己的风度呢？

1. 保持神采奕奕的状态

一个举止潇洒、神采奕奕、浑身洋溢着活力的领导，别人更容易被他的非凡气度震慑。同时，一个讲话有风度的领导者是充满魅力的，他的从容自信、干练、有条不紊、不卑不亢使对方不敢在心理上轻视他，最终会在欣赏的同时更加重视谈话过程。

2. 以友好的态度待人

当众讲话时需要时刻保持面带微笑，并且表情自然、真挚。领导不要总是摆出自己的官架子，显示出冷冰冰的态度，打出一副"官腔"，否则只会与下属的距离越来越远。亲切友好地面对你企业里的所有员工，即使他们犯了错，也不要当众指责，而是用温和的语言来告诉他们错误在哪里、怎么去纠正。一个讲话有风度的领导，在任何时候、面对任何人，态度都是极为友好的。

第十章

即兴讲话，临场发挥时如何引爆全场

即兴讲话，是一种在特定情景下，自发或被要求立即进行的当众讲话，是一种不凭借文稿来表情达意的口语交际活动。即便它只是小范围的即兴讲话，却是练就慧心妙舌的好机会，因此千万不要轻视它，就好像打仗前要厉兵秣马一样，即使是三五分钟的发言也需要精心准备。

第一节　即兴讲话的结尾要点睛，令听众回味无穷

剧院里的演员们都知道这样一句话："从上场和下场的精神，就可以知道演员们的本领。"这句话告诉我们，与开场白一样重要的还有结束语。现代生活的快节奏，要求讲话者发表即兴说话要简短有力，而不是拖拖拉拉、没完没了。于是，在适当的时候，你的即兴讲话就需要画上圆满的句号。应该说，你设计的结束语需要像开场白那样，用一句话让听众毫无疑问地明白讲话已经结束。有的人会用乏力无味的语言来收场："我想这些就是我要讲的全部内容""哦，时间到了，我就讲到这里吧""虽然我还想多讲一些内容，但是应该开始回答大家提出的问题了"。还有的人则是突然停止讲话，让听众不知道是暂时停顿还是最后的结束。这样一些结尾收场都是不恰当的。

结尾发言是即兴讲话的重要组成部分，完美而巧妙的结束语会让讲话起到意想不到的作用。通常结尾发言不应该犹豫不决，更不要画蛇添足，而是要在快说完或快到高潮时戛然而止，给听众一种"言有尽而意无穷"的感觉。另外，结尾发言

要尽量与听众有情感上的交流，从而产生共鸣。在适当的前提条件下，在结尾处热情地提出自己的希望、建议和要求，可以使语言更有力。

林肯在第二次就任总统时的演说结束语是这样的：

对任何人都不怀恶意，对一切人抱宽容态度；坚持正义，因为上帝使我们懂得正义。让我们继续努力完成我们目前正在进行的事业，把国家的创伤包扎起来，关怀那些担负战争重担的人，关怀他们的孤儿寡母——凡是可以在我们中间、同所有国家的关系方面带来和保持公正持久的和平的一切事情，我们都要去做。

这样的结束语不愧经典之作，干净利索，简洁有力，极富人情味和鼓动性。即兴讲话最常用的方式就是用精练的语言，总结概括全篇的主要内容，强化主题思想。这样的结尾，可以起到提醒和强调的作用，给听众留下比较深刻的印象。

那么，什么样的结束语才是完美的呢？

1. 充满号召力的语言做结束语

一个充满激情的讲话者，总是试图让听众的情绪亢奋起来。那么在即兴讲话的结尾处不妨用一些情感激昂，富有鼓动性、号召力的语言进行刺激，融入强大的情感力量，让听众的情绪达到最高点。

2. 引用名言警句做结束语

在结尾处，你可以引用谚语、格言、警句、诗词作为结束语，言简意赅，很有韵律，这会让你的讲话内容更充实，更具哲理性和启发性。当然，在引用时需要考虑句子是否恰当，否则所产生的效果只会适得其反。

3.幽默的语言做结束语

精彩的结束语会让整体的讲话风格骤然升华，而运用幽默的语言能让听众感到快乐满足，从而给听众留下很深的印象。幽默语言作为结束语，是你所有风趣机智的爆发，这会让听众久久地记住你所讲过的内容。

第二节　即兴讲话时话题选择很重要

即兴讲话是当众说话的一种方式，我们在出席座谈会、讨论会、协调会，参加一些礼仪活动，或者外出参观学习时，常常需要作即兴讲话。所谓的即兴讲话，就是没有现成的讲话稿，也没有多少时间准备，容不得说话者深思熟虑，仅仅是靠现场思索以及临场发挥的讲话，而且说出去的话就如泼出去的水，容不得半点掩饰和修改。因此，我们可以毫不夸张地说，即兴说话是对说话者心理素质、应变能力、说话水平、文化修养等综合能力的考验。正因为这样，即兴讲话具有这样三个特点：突然性、临时性和不确定性。这让许多人对即兴讲话都恐惧不已，他们根本不知道在那种场合该讲些什么内容。

文物收藏家邓先生曾向全国多所重点大学和省市级博物馆捐赠文物1300多件，在他的一次生日祝寿会上，某领导代表受赠单位同时作为老先生的朋友发表了即兴讲话：

今天我要送给邓先生两句话：大德必寿，美意延年。意思是说有高尚品德的人会得到长寿，心情愉快就能延年益寿。养生不仅仅是一种健身手段，更是一种人生哲学。邓先生平时自称'五乐老人'，即助人为乐、知足常乐、自得其乐、与众同乐、苦中求乐。我要说，你的'五乐'应当加上一乐——为善最乐，你是六乐老人！

当时，在场许多来宾都是文化界人士，还有许多文物鉴赏家、教授、学者，因此在这里引出了"大德必寿，美意延年"这样的文言古语，顿时彰显出浓厚的文化氛围，而且围绕"祝寿"这个主题，又跳出了一般祝寿的俗套语言，这一番话说得老寿星心花怒放，后来还专门向这位领导登门致谢。

在一次大学同学毕业50周年的纪念活动会上，几十位年过古稀的老人聚在一起，共叙半个世纪的相识、人生的酸甜苦辣，百感交集。一位老同学十分感慨地说：

以前，人们常说："人生如梦"，这不无道理。但我觉得，就我们这一代人来说，似乎以"人生如歌"来形容更为恰当一些。从总体上来说，我们已经历过悲歌、情歌、颂歌、战歌、凯歌、牧歌等阶段。唱悲歌而不消沉，唱情歌而不沉迷，唱颂歌而不盲从，唱战歌而不冒进，唱凯歌而不忘挫折，唱牧歌而不忘恩情。

"人生如歌"使得这个即兴讲话不但有了话题，有了主题，又有了整体的思路，不乏新意。即兴讲话作为当众讲话经常使用的一种讲话方式，它并非高深莫测，其本身是有一定的方法和技巧的。在发表即兴讲话之前，选择适当的话题，就会胸有成竹，顺利完成发言。

那么如何巧妙地选择即兴讲话的话题呢？

1. 借题发挥

如果实在没有什么话说，或者是讲不下去了，你可以借题发挥。在活动中，你可以借助于人名、地名、前者的讲话内容、活动的氛围、自然景物等，只要是符合这个活动的主题，就可以放心地使用。

2. 选择与主题活动相关的话题

任何一个活动或会议都有自己的主题，即兴讲话就需要围绕这个主题，否则就会不知所云，甚至会偏离整个活动的方向。当然，讲话需要顺应当时的语言环境，还需要按照听众的特点，包括文化素养、思想水平、性别、年龄来选择一个适当的话题。

3. 选择有新意的话题

即兴讲话讲得好不好、是否有水平，主要取决于讲话有没有新意，话题是否给人耳目一新的感觉。假如你总是老生常谈，讲来讲去就是那么几句老话，听众就觉得厌烦。因此，在

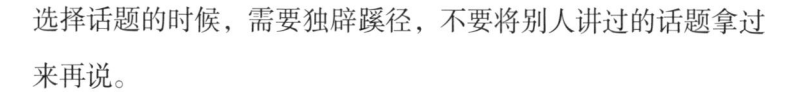

选择话题的时候，需要独辟蹊径，不要将别人讲过的话题拿过来再说。

4.选择听众感兴趣的话题

讲话的效果如何，取决于听众的反应。因此，当你选择话题的时候，需要考虑这是不是听众喜欢听、感兴趣的话题。假如听众根本不感兴趣，即便你说得有多么精彩，也没人愿意听。所以，即兴讲话要尽可能地选择一些与听众关系紧密、听众熟悉，同时能给人启发的内容作为话题。

第三节　即兴讲话要主题明确，切莫长篇大论

即兴讲话有一个明显的特点是：重点突出，篇幅短小精练。即便你准备了长篇大论，也没有多余的时间留给你。在许多活动场合，即兴讲话都是很短小的，有的花三五分钟，有的则只是寥寥数语，主要任务是突出重点，千万不要觉得自己口才水平还可以，就开始长篇大论，唯恐几句语言无法表达出自己内心的思想。实际上，即兴讲话通常是在活动或会议现场进行的临时讲话，这就意味着讲话并不是整个活动的主旨，而只是活动或会议的一部分，如果你占据了太多的时间用来即兴讲话，无疑是本末倒置，而且听众也会对你的讲话感到很厌烦。

1950年6月2日，法国驻德国大使朗索瓦·庞赛在两国市长参加的联席会议上发表讲话：

联邦主席先生，市长先生，法兰西的市长先生们：

我以十分愉快的心情接受德法两国市长会议的邀请，前来参加闭幕式，对能借此机会重游斯图加特感到高兴并表示由衷的感谢。

不瞒大家说，我一回想起我第一次是怎样在贵国的城墙下度过的生活，我就无法抑制内心的感触。联邦主席先生知道我这个人比较容易伤感。可是还有什么地方能比斯图加特更令人感到舒适的呢？那次露宿城下距今差不多已经是半个多世纪了。1902年，当我还是个年轻的中学生时，就来到斯图加特这个神奇的地方。

……

由于我的独特经历，由于我对斯图加特独特的感情，所以，我始终把德法两国及两国人民的互相理解放在心头，作为大使，我要谋求的正是这一点。

初看这样的即兴讲话，可能会以为朗索瓦·庞赛花了太多的时间来回忆自己的过去，但是整个讲话其实用了极短的时间，前面回忆自己曾在斯图加特的经历，以此为后面突出重点内容奠定基础，表达出"我始终把德法两国及两国人民的互相理解放在心头"的话题主旨。

在剑桥大学的一次毕业典礼上，整个大礼堂里坐着上万名学生。他们在等候伟人丘吉尔的到来。在随从的陪同下，丘吉尔准时到达，并慢慢地走入会场，走向讲台。

站在讲台上，丘吉尔脱下他的大衣递给随从，接着摘下帽子，默默地注视着台下的观众。一分钟后，丘吉尔才缓缓地说出了一句话："Never Give Up（永不放弃）！"

说完这句话，丘吉尔穿上了大衣，戴上帽子，离开了会场。整个会场鸦雀无声，霎时间掌声雷动。

这是丘吉尔一生中最后一次演讲，也是最精彩的一次演讲。他仅仅用了几个字，就将自己要演讲的内容说了出来，语言贵精不贵多，丘吉尔就是用简洁的语言达到了这个目的。

当然，即兴讲话不需要长篇大论，并不是说你只讲两三句话就能搞定，根本不需要考虑什么重点。即兴讲话不仅需要篇幅较为短小，而且需要凸显出重点。即便你只是简短地讲了几句，但若是胡乱扯几句，毫无重点，那么讲话也是失败的，吸引不了听众。可以说，即兴讲话就是浓缩的精华。

1. 突出主题

无论在什么场合、什么时候的讲话都需要有自己的主题，这个主题与现场的活动或会议是密切关联的。即使你只说了简单的几句话，也需要显现出话语的重点，或表达自己心情的喜悦，或表达对当事人的祝福，等等。

2. 将语言尽可能浓缩

即兴讲话最多也就是三五分钟，冗长的讲话会令人生厌，而且还可能影响到现场进行的活动或会议。因此，在发表即兴讲话之前，需要尽可能地浓缩自己的语言，言简意赅，只要能将话说到点子上，哪怕只有一句话也行。

第四节 别具一格的开场，能抓住听众的心

即兴讲话如果有精彩的开场白，就能唤起听众的兴趣和求知欲，产生巨大的吸引力，从而紧紧抓住听众的心，让听众非听下去不可。精巧的开场白，可以画龙点睛地勾勒出话题的主旨，能自然顺畅地引领下文，将听众带进声情并茂的讲话情景中去，使听众更易于接受说话的内容。拥有丰富讲话经验和学识的讲话者，都很重视即兴讲话的开场白。原因很简单，开场白是讲话者向听众出示的第一个同时也是最重要的信号，能不能抓住听众的注意力、引发他们兴趣以及积极性就取决于这最初发出的信息。

一位监考老师在监考开始时说："同学们，考试就要开始了。大家都是久经沙场的老战将，对考场纪律、考试规则可以倒背如流，我就不再重述了。我作为一名监考者，既是一名服务员，又是一名裁判员。我将给大家提供最佳的服务，只要你举起一只手，必定回报'我来了'，不敢有丝毫的怠慢；但裁判员的身份又要求我是公正的，望我们互相关照，并原谅我的

公正和严厉。最后祝大家考出优异的成绩。"

这段开场白说得非常美妙，犹如和煦的春风，使学生紧张恐惧的心情平静下来，从而进入最佳的心理状态；又拉近了监考教师和学生的心，二者之间对立的情绪烟消云散，使学生树立起自觉遵守纪律的意识。

抗战期间，著名作家张恨水在成都中央大学（现南京大学、东南大学等院校前身）的即席讲话中说道："今天，我这个鸳鸯蝴蝶派的作家到大学来演讲，感到很荣幸。我取名'恨水'不是什么情场失意，而是因为我喜欢南唐后主李煜的一首词《相见欢》中的'恨水'二字，我就用它作了笔名。"

这种开头把自己的文学流派、性格、爱好，毫不隐瞒地介绍出来，给人留下一种真诚、坦率的印象。

那么在实际的即兴讲话中，我们如何选择精彩而吸引听众的开场白呢？可以采用下面四种方式。

1. 顺手拈来式

顺手拈来式，就是接过别人的话头，顺势发表讲话。这样的即兴讲话可以连接前一位发言者的讲话，也可以顺势发表自己的见解。但是需要找到前面发言者和自己所讲话题的切合点，才能巧妙地使用。

2. 自我贬低式

自我贬低式的开场白，可以使气氛更轻松活跃。开场白采用自我贬损，不但表现了讲话人的坦率幽默、机智随和，而且备受听众的欢迎。

3. 自我介绍式

自我介绍式即开头先进行自我介绍，可以介绍自己的姓名、身份、职业、经历、爱好或表明自己的立场观点。这种开头形式给人一种诚挚、坦率的感觉。

4. 开门见山式

开门见山式就是一开始就用高度凝练的语言把基本的目的和主题告诉听众，引起他们想听下文的欲望，然后在主题部分加以详细的说明和阐述。这是一种提纲挈领式的手法，立即进入正题，不迂回，不啰唆，不要任何赘言。

第五节　即兴讲话，需要有快速的语言组织能力

讲话者在宴会或集会上的即兴讲话，比拿着稿子的讲话更难。因为写文章可以反复推敲，定稿以后才发表；而即兴讲话就有"一言既出，驷马难追"之虞。即兴讲话容不得深思熟虑，斟辞酌句，全靠讲话者临场发挥，这就增加了即兴讲话的难度。因为你需要在讲话之前，就快速地做好准备，以便于在讲话时能轻松自如地运用，而这些准备的内容包括：话题、语言、中心等。但整个构思过程的时间是很短的，有可能几分钟，甚至是几秒钟。这时所考验的就是讲话者本身的应变能力

以及思维能力，但仅仅凭着这些能力还不足以应付即兴讲话这样的场合，还需要具备一定的方法和技巧。

下面是一篇即兴讲话的发言词：

考场，检验你水平的地方。你会什么，不会什么，付出了多少努力，可在考场中一展无余。朋友，你想过没有，生活也在不断地对你进行考试，无论何时，无论何地。曾经听过这样一个真实的事：某学校在考场门前故意放了一只黑板擦，观察能有哪位同学捡起它。有的人慌慌张张跑入考场，根本没有留意到有一只黑板擦；有的人看到了，把脚轻轻一抬，视有若无地跨过去了；有的人对着挡路的黑板擦骂了一句，泄愤地踢了一脚，大步走过去了。没有一个人想到捡起这只黑板擦。这也是一个考场，是一次没有试卷的考试。考试的结果是：所有人都不及格。

这样的考场，这样的考试，有意无意之中，你经历了多少次呢？只是成绩不是用笔写就的，而是你自己的行为写成的。在你学走第一步路时，在你学说第一句话时，在你学写第一个字时，在你经历每一件事时，你亦经历了一次次考试。不经意中，我们经过了无数次考试。或成功，或失败，或跌倒，或胜利，你都是在面对生活中一次次考试并从中磨炼自己的才干和品格。

这篇即兴发言词篇幅不长，在正式讲话时估计只需要花两三分钟就能讲完，允许构思的时间更是很短。即兴讲话的准备时间虽然不多，但不管怎么样，也应该围绕话题，快速地在大脑中构思一个简单的讲话提纲。比如开头怎么讲，讲些什么；主体部分讲几个观点，把观点概括好，用关键词、关键句将其列出来；如何结尾，等等。

如何才能快速地构思讲话内容、瞬间打好"草稿"呢？

1. 确定好主题

对于有经验的讲话者来说，在讲话之前的短时间里，就需要按照活动现场的相关情况确定好讲话的中心内容，先讲什么，后讲什么。而对于那些缺乏经验的讲话者来说，可以在讲话之前将自己的中心内容浓缩，归纳出几个要点，避免讲错或讲漏了。

2. 概括出观点

在即兴讲话中，观点主要是来证明话题的，是为话题服务的。因此，在讲话时要有正确、鲜明、集中的观点。而那些与话题无关的观点，会让整个讲话偏离了活动主题；而那些与话题相悖的观点，则会让你的讲话自相矛盾。即兴讲话的核心就是观点，一个或几个观点将贯穿讲话的始终，并起着纲领性的作用。

3. 组织好语言

语言是即兴讲话的基础，假如我们能够概括出句群，联系几个句子就可以成为一段话，这样一来，腹稿就出来了。比如，在讲话之前，你概括的句群有：这次活动很重要；活动的特点；突出抓好几个环节；切实抓好落实。只要考虑好这些问题，然后就可以冷静地边想边讲，将整个讲话分成几段，每段分为几条，并围绕这几条展开联想或适当补充，讲话者就可以有条不紊地进行即兴讲话了。

4．运用事实、材料分析

即兴讲话无法事先做充分的准备，完全依靠随机应变，所以运用的一些事实、材料分析，无外乎来自两个方面：一是讲话者平时的积累；二是眼前的人和事。无论哪方面的材料都要尽量选用能够有力支撑观点的。材料是作为论据来说明观点的，因此，要注意选择那些能够反映观点、支持观点、解释观点的材料。只有这样的材料才能与观点有机统一，使观点更加形象，更加有说服力。

第六节　即兴讲话要保证中心观点明确

虽然即兴讲话是临场发挥的讲话，但并不意味着你可以随意地讲、东拉西扯，因为这样无法突出讲话的中心观点。在讲话中，观点要集中，与话题无关或关系不大的不讲；在所要表达的几个观点中，需要有先后之分、主次之别，抓住主要的观点进行详细阐述。通常在活动现场，大多邀请者会表示："你就随便说几句简单点的。"结果，被邀请的讲话者就真的以为只是让自己随便说几句,所讲的内容跟主题八竿子打不着,听众也根本听不懂他到底在讲什么。这是万万不可取的。

我国著名诗人公刘,1987年以中国作家代表团团长的身份率团访问西德,访问结束时他即兴发言:

我们今天下午冒雨参观了斯科滨的许许多多值得自豪的文化设施,特别是那些为农民和农业工人服务的文化设施。我要说一切都很美好,一切都像图画。然而其中最令人难忘的要数那座利用羊舍改建而成的俱乐部了。我是诗人,这座羊舍使我不费气力地获得了一首诗。我认为,这首诗的产生是十分自然的,因为把旧羊舍变成新俱乐部的主意本身,就是诗的构思……请诸位猜一猜,我在那座旧羊舍里想到了什么?我想到了希腊神话中著名的金羊毛的故事,金羊毛不仅象征着意志,还象征着冒险和对幸福的追求……你们的金羊毛,却不用寻找,准确地说,是已经找到了,它就在你们身边,就在那座改建成为俱乐部的旧羊舍之中!在那儿,看上去固然是没有羊只了,实际上却一直豢养着身裹纯金毛皮的羔羊!请看一看四面墙上挂满的奖旗和纪念品吧,请看一看孩子们脸上荡漾的微笑吧,正是看到这些,我才特别激动,我仿佛全身心地融化在一首好诗之中。现在我提议,我们中国代表团向好客的德国主人,向我们德国主人令人羡慕的金羊毛敬酒!干杯!

公刘在这里主要讲了观感,并对西德那座利用羊舍改建而成的俱乐部进行了赞扬,观点鲜明,感情真挚,语气谦逊,用词优美。

与所有的讲话一样，即兴讲话也需要突出鲜明的观点。在整个讲话过程中，你主要表达的观点是什么，是对此次活动的赞扬，还是对举办活动提出的意见，这些都需要旗帜鲜明地表达出来。这样才会让听众觉察到你讲话的主旨是什么，你所表达的思想是什么。

那么我们在实际讲话过程中，在提炼观点时需要注意哪些问题呢？

1. 提炼出与主题相契合的观点

即便是讲话中观点鲜明，但是整体偏离了活动的主题，那也是不合适的。在即兴讲话的准备工作中，首先需要考虑的事就是紧扣主题提炼出几个观点，至少是与主题相关联的内容，这样才会让听众觉得你的讲话是符合活动主旨的。

2. 观点要鲜明，不能模糊不清

有的人在即兴讲话中虽然提出了几个观点，但是模糊不清，讲来讲去也不知道到底说了什么，听众也如同坠入云里雾里。对此，提炼观点时一定要考虑这个观点是否鲜明，是否能够说明问题，否则就会让即兴讲话变得随意。

3. 利用"三点论"

在即兴讲话的时候，为了让听众一目了然，我们可以利用"三点论"，明确地指出所表达的观点。比如"我发表三个见解""我就三方面谈一下自己的心得""我讲三个事例""我们的任务是分三步走",等等。利用"三点论",可以让我们边想边讲,边讲边想,有利于组织语言,避免思维混乱的情形发生。

第七节 语言通俗易懂,将观点直接传达给听众

即兴讲话要注意语言的通俗化,就是要适合听众的接受度,尽量使用大众化语言,通俗易懂,容易让人理解和接受。在讲话的时候,需要深入浅出,用大实话诠释大道理;要追求喜闻乐见,迎合听众需求,让听众产生共鸣,增强感染力、吸引力;语言要形式多样,增强直观性、体验性、趣味性。假如发表即兴讲话时总是长篇大论,讲着高深莫测的道理,虽说经常引经据典,却略显生硬,甚至官话、套话连篇。这样的即兴讲话的结果往往是事倍功半,下面的听众往往如同坠入云雾,难知所云。

当然,通俗并不是庸俗。它主要是指语言的朴素、自然,接近大众,不装腔作势,没有八股腔调,没有呆板的说教,富有启发性和吸引力。有时候,通俗化的语言更能够有效地向听众传达一些信息。许多讲话者只是单纯地求奇、求新而卖弄辞藻,用了一些艰涩的专业术语,这让听众听起来十分吃力。而有些讲话内容通俗易懂,生动活泼,话语中没有多少华丽的辞

藻，听众却是一听就懂。

如果我们在即兴讲话时，能将深奥难懂的理论简明扼要地用明白话概括出来，然后逐一讲解，相信下面的听众就再也不会有似懂非懂、云里雾里的感觉了。

某领导在与一位新闻工作者交谈时说：

你看过老鹰抓小鸡吗？老鹰不是瞎撞乱碰就能把小鸡抓住的，而是先在天空中盘旋飞翔，发现地面上的小鸡，再俯冲直下，抓住后就腾空而起。老鹰盘旋飞翔是在做调查研究，看准目标，以便一下子就抓住。记者的工作方法，要学老鹰抓小鸡，先做好周密的调查研究工作，发现典型事例或问题，就要深入下去，抓住不放，直到采写成功……你们写的新闻，就像棉花一样，占的地方很大。一斤铁块，体积很小，你挤不出什么空气和水分。一斤棉花，放在那里一大堆，用手一挤，多数是空气，是虚的。新闻要写实的，文字要精练，要写铁块式的新闻，反对棉花式的新闻。

在这段即兴讲话中，领导用贴切的语言、新颖的比喻，形象通俗地讲述了记者的工作方法问题，让听众听了很受启发。

那么在即兴讲话中，如何才能做到通俗易懂、深入浅出呢？

1. 讲大众话

即兴讲话，应该多贴近生活，多沾"泥土"气息，多点平和之气，多说一些务实、亲民、通俗易懂的"民语"。贴近听众生活的语言才是最为生动鲜活的，因此在讲话中不妨适当引用一些在生活中广为流传的俗语、谚语、顺口溜等大众语言。

2. 讲明白话

即兴讲话要想让听众听得清楚、听得明白，讲话者就要尽量少用那些晦涩难懂的书面语，多讲一些通俗易懂的明白话。语言要做到通顺流畅、语气自然、节奏明快，说出来朗朗上口，下面的听众听起来也就赏心悦目。

3. 讲实在话

有的人在即兴讲话时，不会讲实话，只会教条式地把一些话搬出来，显得空洞无物。在发表即兴讲话时，你可以用生活中很浅显的道理来表达自己的想法，实实在在，就会让人清楚地明白你所想要表达的意思，尽量多讲实在话，少说一些冠冕堂皇的话。

参考文献

[1] 吴淡如.性格决定幸福[M].南昌：二十一世纪出版社，2008.

[2] 史玉娟.会说话的女人受欢迎[M].北京：中国纺织出版社，2008.

[3] 翟文明.领导说话艺术[M].北京：华文出版社，2008.

[4] 项星.每天学点幽默口才[M].北京：中国纺织出版社，2010.

[5] 李安.这样说话最受欢迎[M].北京：中国城市出版社，2010.